nomen

Für Marianne

Claudia Pinl

FREIWILLIG ZU DIENSTEN?

Über die Ausbeutung von
Ehrenamt und Gratisarbeit

nomen

ERSTAUSGABE

Umschlaggestaltung:
Blazek Grafik, Frankfurt am Main

ISBN 978-3-939816-18-8

Inhalt

Einleitung

Ein strahlender September-Sonntag in Köln. Auf der Bühne am Heumarkt zeichnet Oberbürgermeister Jürgen Roters die Preisträger des Kölner Ehrenamtstags 2012 aus. Zum Beispiel die Karnevalsgesellschaft *Urbacher Räuber*, die 100 000 Euro für ein Hospiz gesammelt hat. Aber es geht nicht nur um Geld. „Im Hospiz bei uns in Urbach waren vor kurzem einige Waschbecken undicht", berichtet ein „Räuber" der Lokalzeitung, „da haben wir eine E-Mail rumgeschickt, und innerhalb weniger Stunden haben sich befreundete Klempner gefunden, die den Schaden schnell und gratis repariert haben". Es geht auch nicht nur ums Hospiz. Die Karnevalisten haben bereits ein weiteres Ziel angepeilt; sie wollen 45 000 Euro für einen Spielplatz sammeln und spenden. „Die Räuber betreiben gelebte Sozialarbeit", freut sich OB Roters laut Lokalpresse.

Rund um die Bühne haben Initiativen und Verbände Stände aufgebaut. Ich komme mit einem Ehrenamtlichen ins Gespräch, der sich bei *Lesementor Köln* engagiert. Diese Initiative schult und vermittelt Lesepatinnen und Lesepaten, um, wie es auf der Webseite heißt, „die Lese- und Sprachkompetenz von Kindern und Jugendlichen zu fördern". Aber ist es nicht die Aufgabe der Schulen, Kindern das Lesen beizubringen? Ja, aber, meint mein Gesprächspartner, selbst pensionierter Lehrer, die können das doch heute gar nicht mehr leisten, mit dreißig Kindern in der Klasse, von denen kaum eines mit deutscher Muttersprache aufwächst. Lesementor bietet eine „Eins-zu-Eins-Begleitung" an, das heißt, eine Lesepatin oder ein Lesepate wendet sich einem Kind zu, liest gemeinsam mit ihm und spricht mit ihm über das Gelesene.

Am Ehrenamtstag, der bundesweit begangen wird, geht es auch um die Hochschulbildung. Im Jahr 2012 warb an die-

7

sem Tag das Bundesministerium für Bildung und Forschung in den Tageszeitungen mit Großanzeigen: „Das Deutschlandstipendium – fördern Sie mit! Die eine Hälfte vom Bund und die andere von Ihnen: Mit nur 150 Euro monatlich fördern auch Sie ein junges Talent in Deutschland. Viele machen bereits mit und engagieren sich für bestens ausgebildeten Nachwuchs. Eine lohnende Zukunftsinvestition – seien Sie dabei!"[1]

Auf der Bühne beglückwünscht der Oberbürgermeister inzwischen Ute Liebetrau, die für ihr Engagement in einem Stadtteil mit armer Bevölkerung geehrt wird. Dort assistiert sie bei Kindergottesdiensten und leitet Spielgruppen und Ferienaktivitäten für Kinder und Jugendliche. Frau Liebetrau opfert dafür jedes Jahr ihren Urlaub. Bestimmt ist sie bei den Kindern beliebt, und bestimmt hat sie selbst große Freude an ihrem Engagement. Wer wagt es schon, dieses freiwillige Engagement zu hinterfragen? Zum Beispiel mit dem Einwand, dass Kinder- und Jugendarbeit, die Errichtung und Pflege von Spielplätzen oder die schulische und universitäre Bildung Gemeinschaftsaufgaben sind, die beruflicher Kompetenz und Stetigkeit bedürfen, statt sie der wohlwollenden, freiwilligen Arbeit Ehrenamtlicher oder dem Spendenwillen der Bürger zu überlassen.

Es stimmt, es gibt eine große Bereitschaft zum Engagment in der Bevölkerung. Und dass Menschen, die sich für andere einsetzen, viel zurückbekommen, wird niemand bestreiten. Ärgerlich aber ist die Selbstverständlichkeit, mit der von allen möglichen Seiten, nicht zuletzt von den politisch Verantwortlichen, unser aller Selbstlosigkeit eingefordert wird.

„Zivilgesellschaft", „Engagement", „Bürgersinn", „Freiwilligenarbeit" sind in Deutschland hehre Begriffe, die auf ihre politische Bedeutung hin abzuklopfen so gut wie tabu ist. Man kommt sich schon sonderbar vor – ein bisschen von

---

[1] *Kölner Stadt-Anzeiger*, 1./2. 9. 2012

gestern, ein bisschen asozial – wenn man daran erinnert, dass Bildung, Kultur, kommunale Infrastruktur und soziale Sicherung öffentliche Aufgaben sind, die mit Steuergeldern finanziert werden müssen, unter anderem deshalb, um Arbeitsplätze zu erhalten. Ja, das war einmal, wird eingewendet. Inzwischen ist der Sozialstaat klamm, sind die Kulturkassen leer und die Kommunen überschuldet. Und die Aufgaben und Bedürfnisse sind trotzdem da. Und außerdem ist da die Motivation der Engagierten, sie wollen helfen, sie können helfen und sie helfen auch. Wo also ist das Problem?

Es liegt darin, dass immer nur eine Seite der Medaille beleuchtet wird. Es wird über die Ebbe in den öffentlichen Kassen geklagt und das durch Engagement zu generierende „soziale Kapital" wird beschworen, um die Versorgungslücken zu füllen. Die andere Seite der Medaille bleibt im Dunklen. Die Tatsache zum Beispiel, dass Deutschland unter den Industrienationen einen beschämend geringen Anteil des Bruttosozialprodukts für Bildung ausgibt – trotz einiger Steigerungen in den letzten Jahren. Oder die Tatsache, dass die Kluft zwischen Arm und Reich beständig wächst. Und arm sind nicht nur die armen Teile der Bevölkerung (rund ein Fünftel), sondern auch der Staat. Durch Steuer-„Reformen" zugunsten von Unternehmen und Reichen hat er sich in den letzten zwanzig Jahren erfolgreich selber die Grundlagen für die Finanzierung von Sozialem, Kultur und Bildung beschnitten.

Nun sollen wir Bürgerinnen und Bürger es richten. Bereits 23 Millionen Menschen, rund ein Drittel der erwachsenen Bevölkerung, engagieren sich in der Bundesrepublik in kleinem oder großem Umfang ehrenamtlich. Anscheinend reicht das aber nicht. Denn die Werbetrommel wird mächtig gerührt. Ehrenamtstage, Ehrenamtspreise, Wochen des bürgerschaftlichen Engagements, nationale und internationale „Jahre der Freiwilligenarbeit" lösen einander ab, begleitet von einer Wissenschaftsarmada, die ständig in „Freiwilligensurveys" und ähnlichen Untersuchungen den Engagementwillen der Deutschen beforscht.

Bereits in den Anfängen der Bundesrepublik gab es Ansätze zur gezielten Förderung des bürgerschaftlichen Engagements. Die Älteren unter uns mit westdeutscher Biographie erinnern sich vielleicht an die *Aktion Gemeinsinn*, die mit dem Slogan „Miteinander – Füreinander" und der Negativfigur des „Herrn Ohnemichel" für das Ehrenamt warb. Sie wurde 1957 auf eine Initiative der Medienwirtschaft und der Bundeszentrale für politische Bildung hin gegründet und wurde auch damals wohlwollend von der Politik begleitet.

Sich in Verbänden und Vereinen ohne Erwerbsabsicht zusammenzufinden, das war schon immer ein Politikum. In autoritären Gesellschaften, weil die Herrschenden Angst haben, diese freiwilligen Zusammenschlüsse könnten sich ihrer Kontrolle entziehen. In offenen Gesellschaften, weil dort das Zwischenreich zwischen Staat, Familie und Erwerbssphäre – neuerdings gern „Zivilgesellschaft" genannt – in seiner Funktion für den Zusammenhalt der Gesellschaft als Ganze wertgeschätzt wird, vor allem seit Bund, Länder und Kommunen öffentliche Dienstleistungen mit Verweis auf die „Haushaltslage" auf breiter Front zurückfahren.

Durch vermehrtes praktisches Engagement, sprich: Gratisarbeit in Schulen, Kitas und Büchereien, in Krankenhäusern, auf Spielplätzen, an Museumskassen, bei der Grünpflege und in Schwimmbädern, soll der Mangel an Pflegekräften, Erzieherinnen und kommunalen Bediensteten kompensiert werden. Nicht so gern redet man darüber, dass ein Großteil der eingeforderten und geleisteten Gratisarbeit den vielen gering qualifizierten Langzeitarbeitslosen auch noch die letzten Reste an Beschäftigungsmöglichkeiten in einfachen Tätigkeiten wegnimmt.

Und natürlich ist Spendenfreudigkeit ein wichtiger Teil der „Engagementkultur". Warum Stipendien aus Steuergeldern zahlen, wenn wir doch alle dazu beitragen können, dass Deutschland auch in Zukunft die Fachkräfte nicht ausgehen – bitte schön, schon mit der Hälfte eines Monatsstipendiums sind Sie dabei, können sich diese gute Tat an die Brust heften! Ist auch steuerlich absetzbar.

Die Wirtschaft, der zuletzt die Regierung Schröder durch steuerliche Entlastung unter die Arme griff, macht auch mit. Zumindest bei Großunternehmen gehört *Corporate Social Responsibility* inzwischen zum guten Ton. Als Manager einen Tag Suppe im „Tafel-Restaurant" austeilen, als Abteilung mal eben ein Schulgebäude streichen, einer Selbsthilfegruppe eine Webseite basteln, als Unternehmen eine Tagung sponsern – alles mit entsprechenden Berichten in der Lokalpresse, ja, das ist gut fürs Image und dient oft auch noch dem „Team-Building" im Unternehmen.

Bürgersinn und Bürgerengagement als Lösung aller gesellschaftlichen Probleme, oder wenigstens vieler? Auf den folgenden Seiten beleuchte ich Aspekte der real existierenden „Bürgergesellschaft" und beschäftige mich mit den Interessen derjenigen, die sie propagieren. Es geht nicht darum, das Potenzial, das in ehrenamtlicher Betätigung liegt, zu leugnen oder die positiven Seiten selbstlosen Engagements herabzusetzen. Es geht darum, die ständigen Appelle an unsere Hilfsbereitschaft und Verantwortung in Beziehung zu setzen zum Abbau sozialer Sicherheit, zur Privatisierung und Kommerzialisierung von Pflege und Gesundheit, zur finanziellen Austrocknung der Kommunen, zur Unterfinanzierung von Kultur und Bildung, zur Vermögenskonzentration und zu wachsender Armut, kurz: zur Umgestaltung von Staat und Gesellschaft zugunsten weniger, auf Kosten vieler.

Wie alles anfing

Barmherzige Samariter

Seit zwanzig Jahren gibt es in Deutschland die „Tafeln". An knapp 900 Ausgabestellen bundesweit verteilen einmal in der Woche rund 50 000 ehrenamtliche Helferinnen Lebensmittel an Bedürftige: Joghurts mit gerade ablaufendem Haltbarkeitsdatum, Äpfel mit Druckstellen, Kartoffeln in ungewöhnlichen Formen – Lebensmittel, die zwar genießbar sind, die die großen Handelsketten aber aus dem Sortiment nehmen, weil sie hochgezüchteten Konsumbedürfnissen angeblich nicht entsprechen.

Schön, dass Menschen sich für andere Menschen engagieren, niemand soll abseits stehen, sich ausgegrenzt fühlen. Anderen zu helfen hilft auch den Helfenden: Es schafft Zufriedenheit, ist sinnvoll, vermittelt neue Einsichten und Kontakte. Rundum eine Win-Win-Situation. Aber warum rufen die Tafeln und andere Beispiele so penetrant die Erinnerung an den barmherzigen Samariter aus der Bibel wach? Das ist 2000 Jahre her. Oder an die heilige Elisabeth von Thüringen, die die Armen speiste. Das war vor 800 Jahren. Heute sind es also die Tafeln, wo fleißige Freiwillige, fast durchweg Frauen, gespendete Lebensmittel zu „Elisabeth-Körben" bündeln. Aber da war doch was in der Zwischenzeit?

Richtig, es gab einmal einen deutschen Sozialstaat, der Armen und in Not geratenen Menschen unter die Arme griff, Sozialhilfe oberhalb der Armutsgrenze zahlte, Arbeitslose in ABM-Stellen vermittelte, durch Steuereinnahmen dafür sorgte, dass öffentliche Gebäude und Einrichtungen in Schuss gehalten wurden, Bahnen und Busse auch in ländlichen Gebieten verkehrten und Leute mit Gipsbein auf Kassenkosten im Taxi zur Arztpraxis fahren konnten. Das ist noch nicht so lange her.

Bürgerliche Armenpflege und Arbeiterselbsthilfe

In vorindustriellen Zeiten waren Familienclans, Stände, Gilden oder Zünfte dafür zuständig, Verarmte oder Kranke des eigenen sozialen Umfelds zu versorgen. Arme ohne entsprechenden sozialen Rückhalt waren auf die Mildtätigkeit von Kirchen und Klöstern angewiesen. Ob adlige Feudalherren sich gleichgültig oder fürsorglich gegenüber ihren Untertanen verhielten, blieb ihnen überlassen, wie die Legende von der heiligen Elisabeth zeigt, die gegen den Willen des Landgrafen den Hungernden Brot zusteckte.

In der beginnenden Neuzeit kümmerten sich wohlhabende Bewohner der Städte um bedürftige Mitbürger, Spitäler und Waisenhäuser entstanden, zum Teil auf Initiative der Bürgerschaft oder als Stiftungen seitens reicher Kaufleute, wie die erste Sozialsiedlung auf deutschem Boden, die vom Bankier Jakob Fugger gestiftete Fuggerei in Augsburg.

Wie überhaupt das ehrenamtliche, freiwillige Engagement – sieht man einmal von den als Arbeiter-Selbsthilfe gestarteten sozialdemokratisch geprägten Verbänden ab – vor allem ein bürgerliches Phänomen war und ist, das sich keineswegs auf den sozialen Bereich beschränkt. Das deutsche Vereinswesen nahm seinen Anfang im 18. Jahrhundert und bildete nicht nur das philanthropische Motiv des Bürgertums ab, sondern auch seine musischen, künstlerischen, geselligen und literarischen Interessen. Ein nicht geringer Teil des Vereinswesens im 19. Jahrhundert und zu Anfang des 20. Jahrhunderts wurde geboren, um akuten gesellschaftlichen Missständen abzuhelfen. Aus heutiger Sicht wäre etwa die Gründung von Freiwilligen Feuerwehren eine Art Bürgerinitiative oder Selbsthilfegruppe. Denn professionelle, von der öffentlichen Hand unterhaltene Feuerwehren kannte man nicht.

Desgleichen waren die Wohlfahrtsverbände eine Antwort auf die Verelendung breiter Massen der Bevölkerung durch Landflucht, Industrialisierung und Krieg. Einen Sozialstaat, der sich um die Armen kümmerte, gab es nicht, bestenfalls kommunale „Armenpflege" in den Städten. Das Schulwesen für die breiten Schichten der Bevölkerung bot kaum mehr als eine rudimentäre Bildung. Einrichtungen wie die *Arbeiterwohlfahrt* (AWO) der Sozialdemokratie, Arbeiterbildungsvereine, sowohl der Parteien wie der Gewerkschaften, antworteten auf soziale und kulturelle Bedürfnisse des vierten Standes.

Später kam der Sport hinzu. Bei der Gründung von Sportvereinen, ebenso wie früher schon bei Gesangs- und Turnvereinen, mischte der vierte Stand kräftig mit, zum Teil in bewusster Abgrenzung von bürgerlich geprägter Geselligkeit. So entstand zum Beispiel der *Touristenverein Die Naturfreunde* als Antwort von SPD und Arbeiterbewegung auf den *Deutschen Alpenverein*.

Bismarck begründet das System sozialer Sicherung

Mit Beginn der Industrialisierung zerbrachen ältere soziale Bindungen. Breite Bevölkerungsmassen verelendeten. Bürgerlich-philanthropische und kirchlich-karitative Initiativen konnten das Elend ebenso nur partiell mildern wie die Selbsthilfe-Organisationen der Arbeiterbewegung. Sozialdemokratie und Gewerkschaftsbewegung erstarkten und wurden zum politischen Faktor im Kaiserreich. Mit der Einführung der Sozialversicherung ab 1883 nahm Reichskanzler Otto von Bismarck der „sozialen Frage" ein Stück weit die politische Brisanz. Die Bismarckschen Sozialreformen bilden noch heute das Fundament des deutschen Systems der sozialen Sicherung.

Die staatlich garantierte fundamentale Absicherung gegen Krankheit, Unfall, Alter – zunächst der Arbeiter, später aller abhängig Erwerbstätigen – machte und macht andere Formen von Wohlfahrtspflege nicht überflüssig. Fürsorge, Mildtätigkeit, Dienst am anderen, Solidarität mit Armen und Bedürftigen gehörten weiterhin zum traditionellen Wertekanon nicht nur der Kirchen und Glaubensgemeinschaften, sondern auch des liberalen Bürgertums und der Arbeiterbewegung. Für Letztere galt die Fürsorgearbeit jedoch immer nur als Zwischenschritt auf dem Weg zu einer gerechten Gesellschaft, in der niemand mehr von Armut bedroht sein sollte.

Das heutige System des deutschen Wohlfahrtsstaats mit seiner traditionellen Dualität öffentlicher und verbandlicher Fürsorge bildete sich in der Weimarer Republik heraus. Wohlfahrtsverbände wurden als Anbieter sozialer Dienste in den Wohlfahrtsstaat integriert, andere ehemalige „Selbsthilfegruppen" änderten ihre Funktion, wurden zu Unterstützern professioneller Dienste, wie etwa die Freiwilligen Feuerwehren. Während sich die Arbeit kirchlicher Verbände vielfach auf Ordensleute stützte, vor allem auf Nonnen und Diakonissen, rekrutierten andere Wohlfahrtsorganisationen häufig bürgerliche Frauen als ehrenamtliche Kräfte.

Nachkrieg: Ausbau des Sozialstaats – und sein angekündigtes Ende

In der jungen Bundesrepublik wurde am deutschen Sozialstaat weitergebaut. Mit der Umstellung des Rentensystems auf das Umlageverfahren im Jahr 1957 dämmte die Adenauer-Regierung die Altersarmut ein. Das Bundessozialhilfegesetz von 1961 sicherte Menschen in Not einen Rechtsanspruch auf Hilfe. Lohnzuwächse, die Weiterentwicklung der Mitbestimmung, Studierenden-Stipendien, der Bildungsboom der Siebziger – alles das sorgte dafür, dass auch Kindern aus Arbeiterhaushalten der berufliche Aufstieg gelang.

Vieles, was in Kirchen und Verbänden bislang ehrenamtlich geleistet wurde, übernahmen ab den Sechzigerjahren auf Fachhochschulen ausgebildete Sozialarbeiterinnen und Sozialpädagogen. Viele von ihnen waren durch die Studentenbewegung politisiert und arbeiteten neben ihrer professionellen „Einzelfallhilfe" auch daran, gesellschaftliche Zustände zu schaffen, in denen Menschen nicht mehr auf diese Hilfen angewiesen sein würden.

Die optimistische Aufbruchstimmung der Siebzigerjahre trübte sich ein, als im Gefolge der Ölkrise 1973 das Wirtschaftswachstum in den Industrieländern stagnierte. Ab 1979 läuteten Margaret Thatcher in Großbritannien und bald darauf Ronald Reagan in den USA mit einem grundlegenden Paradigmenwechsel in der Wirtschafts- und Sozialpolitik das Ende der Nachkriegs-Wohlfahrtstaatlichkeit ein. Wohlstand und Wirtschaftswachstum sollten in Zukunft nicht mehr von Staatsausgaben und der Konsumkraft breiter Massen abhängen, sondern in erster Linie von den Investitionen der Kapitalbesitzer. Konstituierende Elemente dieser als neoklassisch bzw. neoliberal bezeichneten wirtschaftspolitischen Ausrichtung ist der Glaube an die Selbstregulierungskräfte des Marktes – man müsste ihn nur von staatlichen Beschränkungen und Eingriffen möglichst weitgehend befreien, und zwar weltweit, dann würden sich Wachstum und Wohlstand für alle ausbreiten.

Unter der Ägide von „Reaganomics" wurde in den USA und Großbritannien die Besteuerung der Reichen und der Mittelschicht vermindert, die wirtschaftliche Aktivität des Staates zurückgedrängt, wurden soziale Transferzahlungen gekappt und die Einflussmöglichkeiten der Gewerkschaften beschnitten. Die Finanzmärkte wurden durch Ausweitung des Kapitaltransfers „dereguliert" und damit das Fundament für Spekulationsgeschäfte im globalen Ausmaß geschaffen. Reagan senkte den Spitzensteuersatz der US-Einkommenssteuer 1981 von 70 auf 33 Prozent. Margaret Thatcher privatisierte in Großbritannien Staatseigentum auf breiter Front, schwächte die Gewerkschaften und wickelte wohlfahrtsstaatliche Institutionen ab. Inwieweit das Wachstum der US-Wirtschaft in der zweiten Hälfte der Achtzigerjahre auf Reaganomics zurückzuführen ist, ist umstritten. Deutlich den neoliberalen „Reformen" zu verdanken ist aber die drastische Vertiefung der sozialen Spaltung. Letzteres rief in den USA den *Kommunitarismus* auf den Plan. Der Soziologe Amitai Etzioni und andere amerikanische Akademiker gründeten 1990 diese politisch-philosophische Bewegung.

Kapitalismus und Kommunitarismus – eine komplementäre Beziehung

Die Kommunitaristen setzen dem Individualismus und der Ellenbogen-Mentalität der vom Zügel gelassenen Broker, Banker und Investoren die Rückbesinnung auf Gemeinschaften entgegen. Verantwortungsgefühl und Zurückstellung des Eigeninteresses sind demnach traditionelle Werte der Familie, der Nachbarschaft und anderer „Communities", die es wiederzubeleben gelte, um Egoismus, gesellschaftliche Kälte, Kriminalität und Korruption zu bekämpfen, so lautet die kommunitaristische Botschaft, die bald auch in Europa gehört wurde.

Auch wenn sich die Kommunitaristen als Gegenbewegung gegen den angeblich überbordenden Individualismus des Neoliberalismus verstanden und verstehen, ergänzen sich beide gut. Produzieren die Marktradikalen Elend am unteren Ende der Gesellschaft, dann stehen die Kommunitaristen bereit, dieses abzumildern. Denn ihr Thema ist nicht die Veränderung gesellschaftlicher Strukturen und politischer Machtverhältnisse, sondern die Förderung des sozialen Zusammenhalts auf der vor- und außerpolitischen Ebene. Das passt gut zum US-amerikanischen Glauben an den individuellen gesellschaftlichen Aufstieg durch harte Arbeit und Eigenverantwortung und lässt zugleich Raum für die Erinnerung an den Gruppenzusammenhalt in harten Pioniertagen. Der Tradition philanthropischen und bürgerschaftlichen Engagements in Teilen der wohlhabenden Schichten der USA verlieh die kommunitaristische Philosophie neue Legitimation.

Eine Denkfabrik schaltet sich ein

In der Bundesrepublik wies am Ende der sozial-liberalen Ära 1982 das einflussreiche Kieler *Institut für Weltwirtschaft*, mit dem späteren Chefvolkswirt der Deutschen Bank, Norbert Walter, der Regierung Kohl die Richtung: Die Wirtschaft sollte entstaatlicht, der Sozialstaat eingedämmt werden. Die christlich-liberale Regierung leitete dann auch folgsam die Privatisierung staatlicher Dienste wie Post und Bahn ein, „deregulierte" Ladenschlusszeiten, legte die Fundamente für die „Deregulierung" des Arbeitsmarkts und öffnete privaten Anbietern den Zugang zu Funk und Fernsehen. Dass mit dem Rückzug des Staates aus mancherlei Dienstleistungen höhere Erwartungen an die Bürger und Bürgerinnen verbunden sein würden, machte Helmut Kohl gleich in seiner ersten Regierungserklärung am 13. Oktober 1982 deutlich:

„Wenn wir den alten Weg gedankenlos weitergehen, stürzen wir den Menschen in die neue Entfremdung eines anonymen bürokratischen Wohlfahrtsstaates, kaum dass wir ihn durch die soziale Marktwirtschaft aus der Entfremdung des Kapitalismus befreit haben (. . .). Wir wollen mehr Selbst- und Nächstenhilfe der Bürger füreinander. Das politische Strukturprinzip dafür ist die Subsidiarität. Es verlangt die Vorfahrt für die jeweils kleinere Gemeinschaft. Was diese zu leisten vermag, soll ihr die größere nicht abnehmen."[2] Das Subsidiaritätsprinzip, nach dem laut Duden „übergeordnete gesellschaftliche Einheiten (bes. der Staat) nur solche Aufgaben übernehmen sollen, zu deren Wahrnehmung untergeordnete Einheiten (bes. die Familie) nicht in der Lage sind", ist tragendes Element der katholischen Sozialehre und stammt in dieser Form aus Zeiten vor der Ausbildung des modernen Sozialstaats. Nun diente es dazu, den Rückbau dieses Sozialstaats zu rechtfertigen und diesen gleichzeitig als autoritäres, bürokratisches Monster zu diffamieren.

„Helfen ist Gold"

Die Parallelen zum amerikanischen Kommunitarismus sind deutlich. Auch dort geht es darum, die Hilfe- und Unterstüt-

---

[2] Zitiert nach Gisela Notz, *Freiwilligendienste für alle. Von der ehrenamtlichen Tätigkeit zur Prekarisierung der „freiwilligen" Arbeit*, Neu-Ulm, 2012, S. 51

zungsfunktionen von Familien und Nachbarschaften, den „Keimzellen der Gesellschaft", wiederzubeleben. Diese haben sich allerdings sowohl in Europa wie den USA im 20. und 21. Jahrhundert grundlegend gewandelt. Die Ehefrauen der Mittelschicht, die immer gemeint sind, wenn in diesem Zusammenhang von „Familie" die Rede ist, sind in den Achtzigern des vorigen Jahrhunderts anders als noch in den Fünfzigerjahren, häufig berufstätig und oft nicht mehr willens oder in der Lage, sich quasi hauptamtlich um Bedürftige in ihrem Umfeld zu kümmern.

Umso heftiger wurde die Werbetrommel für das Ehrenamt gerührt. Auch damals schon schrieb das Bundesfamilienministerium unter dem Motto „Reden ist Silber, Helfen ist Gold" Wettbewerbe aus, die „Bürger zu freiwilligem Engagement" anregen sollten. Die Westberliner Senatsverwaltung für Soziales unter Ulf Fink von der CDU warnte 1984 davor, sich allein auf den Staat zu verlassen, und appellierte an „das persönliche Engagement des einzelnen" für die Mitmenschen. Bundesweit entstanden Kontaktstellen zur Vermittlung von Ehrenamtlichen und man warb um das „brachliegende gesellschaftliche Kräftepotenzial von Frauen in der Lebensmitte", wie es 1986 in einer Ausgabe der *Blätter für Wohlfahrtspflege* hieß.[3]

Die Wende 1989 und die Folgen

Nach der Wiedervereinigung 1990 erlebten die westlichen Bundesländer zunächst einen Wirtschaftsboom, der aber bald von krisenhaften Prozessen abgelöst wurde. Der internationale Wettbewerb von Seiten neuer, vor allem asiatischer Wirtschaftsmächte, wurde schärfer; einfachere Industriearbeiten, später auch Dienstleistungen, wurden vom „Hochlohn-Land" Deutschland in andere Länder ausgelagert; auch die flächendeckende Deindustrialisierung im Osten Deutschlands trug zur drastischen Steigerung der Arbeitslosenzahlen

---

[3] Ich folge hier der Darstellung von Notz, a. a. O., S. 53

bei. Die neoliberale Antwort, zunächst der Kohl-Regierung, später der Regierungen Schröder und Merkel: Weitere Deregulierung und Privatisierung auf breiter Front.

Beim Amtsantritt Gerhard Schröders im Jahre 1998 war zunächst nicht abzusehen, dass die neoliberale Umgestaltung von Staat und Gesellschaft unter Rot-Grün erst richtig in Schwung kommen würde. Im Gegenteil. Der von der Regierung Kohl begonnene Abbau des Kündigungsschutzes wurde ebenso zurückgenommen wie – zunächst – die Ausweitung prekärer Beschäftigungsverhältnisse unterhalb der Versicherungspflichtgrenze. Aber bereits ein Jahr später betrieb der Bundeskanzler und Parteivorsitzende gemeinsam mit dem britischen Regierungschef im sogenannten *Schröder-Blair-Papier* die Öffnung der europäischen Sozialdemokratie für neoliberales und kommunitaristisches Gedankengut. Der Kanzler und SPD-Chef wies seiner Partei den Weg zur „neuen Mitte", indem er Anregungen von *New Labour* übernahm, wonach der Staat sich aus der Aufgabe, die Gesellschaft zu gestalten, zurückziehen solle. Die „neuen Wege zur sozialen Gerechtigkeit" lägen vielmehr in der „Eigenverantwortung und Leistungsbereitschaft" der Individuen anstelle von staatlicher Regelung oder gar Fürsorge. Denn „die Verantwortung des einzelnen in Familie, Nachbarschaft und Gesellschaft kann nicht an den Staat delegiert werden". Das „Sicherheitsnetz aus Ansprüchen" solle in ein „Sprungbrett in die Eigenverantwortung umgewandelt werden".[4]

Kommunitaristische Gedankengänge waren nun auch in der Sozialdemokratie salonfähig. Vorbei die Zeiten, als die SPD für die lange sozialstaatliche Tradition Deutschlands stand, wonach die Fürsorge für die Schwachen eine Aufgabe der gesamten Gesellschaft ist und Solidarität sich nicht in Almosen äußert, sondern politisch und strukturell garantiert wird, zum Beispiel durch einen Rechtsanspruch auf öffentlich finanzierte soziale Dienste. Jetzt setzte man, neben der

---

[4] http://www.glasnost.de/pol/schroederblair.html

ständig beschworenen „Eigenverantwortung", auf Taten der Nächstenliebe.

Auf christdemokratischer Seite war der Kommunitarismus ohnehin an die Subsidiaritätsvorstellungen der katholischen Soziallehre anschlussfähig, wie zum Beispiel in den Papieren der bayerisch-sächsischen *Kommission für Zukunftsfragen* aus den Jahren 1996/97 nachzulesen ist, die empfahl, die in der Gesellschaft wahrnehmbaren Individualisierungsprozesse durch die verstärkte Schaffung „sozialen Kapitals" auszugleichen, worunter die Kommission alle Formen ehrenamtlicher Arbeit verstand, aber auch die im Privaten geschehende Haus- und Familienarbeit sowie Nachbarschaftshilfe.

Auch die bei Grünen und im alternativen Spektrum weitverbreiteten anthroposophischen Ansätze konnten sich bestätigt fühlen. Kanzler Schröders Vize Joschka Fischer sprach immer mal wieder von der „Solidarität mit den Schwachen" – angesichts grüner Zustimmung zum Sozialabbau durfte man sich wohl an den „compassionate conservatism" eines George W. Bush erinnert fühlen.

Bertelsmann, übernehmen Sie!

Die Umkrempelung nicht nur der Gesellschaft selbst, sondern auch aller Vorstellungen in den Köpfen, was eine gerechte Gesellschaft ausmacht, gelang nicht ohne Schützenhilfe diverser Thinktanks. Das der Bertelsmann-Stiftung nahestehende *Centrum für angewandte Politikforschung* gab in Zusammenarbeit mit dem *Bundesverband deutscher Banken* im Jahre 2001 ein „Deutschland-Trendbuch" heraus, in dem der Regierung das „Abrücken von der statusorientierten und transfergestützten Einkommenssicherung sowie Umschichtung der Sozialhaushalte und des Staatshaushalts zugunsten der sozialinvestiven Ausgaben" empfohlen wurde. Der Staat stehe sonst in der Gefahr, „aufgrund erhöhter Leistungserwartungen der Bürger" in die „Anspruchsfalle" zu tappen. Der „Sozialversicherungsstaat" müsse sich zu einem „Sozialinvestitionsstaat" wandeln. Das aber gehe nur über mehr „Eigenverantwortung" der „zivilen Bürgergesellschaft", über soziales Engagement, das gezielt gefördert werden müsse. „Um Nachhaltigkeit zu erzielen, sind fortgesetzte Anstrengungen auf dem Gebiet der Engagementförderung nötig."[5] Man darf sich von Begriffen wie „Nachhaltigkeit" oder „Sozialinvestitionen" nicht täuschen lassen – es geht den Autoren darum, Rechtsansprüche auf soziale Absicherung abzubauen, um im Gegenzug private Stiftungen und andere, demokratisch nicht legitimierte „Akteure der zivilen Bürgergesellschaft" zu fördern, zum Beispiel durch großzügige Steuerbefreiungen. Im Gegenzug wird an die „Eigenverantwortung der Menschen" appelliert. Sozusagen Schröder-Blair auf Bertelsmännisch.

So geistig vorbereitet, konnte man an die grundlegende Umgestaltung von Staat und Gesellschaft gehen, die die Regierung Schröder-Fischer bald darauf in die Wege leitete, beginnend mit der Umwälzung des Wirtschafts-, Finanz- und Steuersystems.

Rot-Grün pflügt die Gesellschaft um

Steuersenkungen auf breiter Front für Unternehmen und Privatpersonen sowie der Privatisierung des Gesundheitswesens und der Teilprivatisierung der Altersvorsorge („Riester-Rente") folgte die weitere Deregulierung des Arbeitsmarkts durch die sogenannte *Agenda 2010*: Ausweitung prekärer Beschäftigungsverhältnisse durch Befristung, Leiharbeit, Arbeiten unterhalb der Versicherungspflichtgrenze und Scheinselbständigkeit. Der Abbau sozialer Sicherheit und die Ausdehnung des Niedriglohn-Sektors wurden dem Publikum zynischerweise als „Beschäftigungsförderung" verkauft und mit dem ständigen Verweis auf angebliche Sachzwänge der

---

[5] Zitiert nach: Steffen Roski, Konzern-Macht-Politik-Wissen. Sozialwissenschaften als Hilfskräfte in Bertelsmanns „Reformwerkstatt", in: Jens Wernicke & Torsten Bultmann (Hrsg.), *Netzwerk der Macht – Bertelsmann*, Marburg, 2007, S. 81

Globalisierung gerechtfertigt. Im Gleichklang mit dem Abbau von Sozialleistungen wurden öffentliche Dienste eingeschränkt oder privatisiert: der „schlanke Staat" sollte sich als weiterer Erfolgsfaktor im internationalen Wettbewerb positionieren.

Aber wie mit den Folgen umgehen – Lohnsenkungen, Verschlechterung der wirtschaftlichen Lage breiter Bevölkerungsschichten, Verlust an sozialer Sicherheit, Einschränkungen und Abbau kommunaler Infrastruktur?

... und alle applaudieren

Kritik am entfesselten Kapitalismus schien nach 1989, dem Debakel der sozialistischen Staaten, vielen nicht sinnvoll. Stattdessen zeigten sich neben Politikern auch Sozialwissenschaftler empfänglich für kommunitaristisches Gedankengut. Was in den Neunzigerjahren in Deutschland an „postmodernen" Gesellschaftsentwürfen ausgebrütet wurde, ging aber über Etzioni und Genossen weit hinaus. In den Boomjahren der IT-basierten „New Economy", nach dem vermeintlichen Ende der Industriegesellschaft alten Stils, sahen Wissenschaftler und Publizisten eine Chance für einen „Dritten Weg" zwischen Kapitalismus und Sozialismus, nämlich eine Wende weg von der bisherigen Zentrierung auf die Erwerbsarbeit hin zu einem Modell der „Tätigkeitsgesellschaft", gekennzeichnet durch fließende Übergänge zwischen Normalarbeitsverhältnis, Selbständigkeit, „Eigenarbeit" (Familie, Hobby) und bürgerschaftlichem Engagement. Letzteres vor allem sollte den gesellschaftlichen Individualisierungstendenzen durch die Bildung „sozialen Kapitals" entgegenwirken. Das ging nicht ohne Diffamierung des bisherigen Wohlfahrtsstaats ab – nun nicht mehr nur aus christdemokratischem Mund, sondern nachgeplappert auch von bisher eher linken oder sozialdemokratischen Zeitgenossen. An die Stelle der „fürsorglichen Systeme" einer bevormundenden „Sozialbürokratie" sollten Netzwerke der Selbsthilfe und Selbstorganisation treten. Der SPD-Bundestagsabgeordnete Michael Bürsch, der ab 1999 die *Enquete-Kommission Zukunft des bürgerschaftlichen Engagements* leitete, nannte das die „selbsttätige Gesellschaft".

Eine breite Front von Soziologen, Sozialphilosophen, Publizisten und Politikern strickte an diesem „Paradigmenwechsel", für den es Beifall aus fast allen politischen Lagern gab. Feministinnen sahen sich in ihrer Hoffnung auf gesellschaftliche Aufwertung der nicht bezahlten, überwiegend von Frauen geleisteten Haus- und Familienarbeit bestärkt, Teile der Linken begrüßten den vermeintlichen Abschied von fremdbestimmter Lohnarbeit, alternative Ökonomen sahen die Chance, die „einseitige Fixierung auf die Erwerbsarbeit" für beendet zu erklären, zugunsten der „informellen Ökonomie", der nichtmarktförmigen Tätigkeiten wie Hausarbeit, „Subsistenzarbeit", „Schattenarbeit", „Eigenarbeit" und ehrenamtlichen Tätigkeiten. Konservative sahen Anknüpfungspunkte an die Subsidiaritätslehre, wonach Eigenverantwortung Vorrang vor staatlichem Handeln hat. Gemeinsamer Konsens: Statt dem angeblich ohnehin nicht mehr für alle erreichbaren „Normalarbeitsverhältnis" nachzutrauern, sollten wir unsere Aufmerksamkeit verstärkt auf Werte wie Fürsorglichkeit, Solidarität und Gemeinsinn richten und diese im Rahmen von Familie, Nachbarschaft, Initiativen oder Verbänden zum Wohle aller in praktisches Handeln umsetzen.

Postmodernes Ressourcenmanagement

Ehrenamtliches Engagement spielte in allen Varianten der postmodernen Gesellschaftsentwürfe die herausragende Rolle. Freiwilligen-Arbeit wurde zur kostbaren, möglichst zu vermehrenden Ressource und ihre Förderung zum wichtigen politischen Anliegen erklärt, weil sich durch ihre Nutzung gleich zwei der dringendsten Probleme lösen ließen: Zum einen werde Freiwilligen-Arbeit die durch den Abbau öffentlicher Dienste und die Einsparungen im Sozialsystem entstandenen Lücken füllen und so zum Zusammenhalt des Ganzen beitragen, zum anderen vermittle die selbstbestimmte Freiwilligen-Tätigkeit im Dienste des Gemeinwohls den (Erwerbs-/) Arbeitslosen neue Identität und neuen Sinn.

Die Frage, ob nicht auch die Gratisarbeiterin in der Kleiderstube der Caritas oder bei der „Tafel" Geld für den eigenen Lebensunterhalt brauche, schien irrelevant, denn viele Phantasien über die „selbsttätige Gesellschaft" setzten bewusst oder unbewusst das traditionelle Familienmodell voraus, wonach soziale Ehrenämter auch in Zukunft vor allem von Frauen getragen würden, deren Lebensunterhalt durch ihre Männer oder durch eine Witwenrente gesichert war. Was aber, wenn im Sinne der „fließenden Übergänge" jetzt große Zahlen von Erwerbstätigen eine Auszeit für zivilgesellschaftliches Engagement nähmen, wenn Langzeitarbeitslose neue Beschäftigung und neuen Sinn im Dienst am Gemeinwohl fänden, ebenso wie Frührentner, Mütter oder Jugendliche – wovon sollten sie den eigenen Lebensunterhalt dann bestreiten?

Hier kamen in den Neunzigerjahren unter dem Stichwort „Dritter Sektor" weitere Vorschläge ins Spiel, zum Beispiel das Modell „Bürgerarbeit" des Münchener Soziologen Ulrich Beck, der auch Mitglied in der bayerisch-sächsischen Zukunftskommission war. Demnach sollte freiwilliges soziales Engagement durch „Gemeinwohlunternehmer" organisiert werden, die Dienstleistungen in der Altenpflege, bei der Flüchtlingsbetreuung oder im Kultursektor vermitteln sollten. Als Gegenleistung sollten alle, die darauf angewiesen waren, ein existenzsicherndes „Bürgergeld" erhalten, das, so Becks Vorschlag, durch Umleitung von Geldern aus der Sozial- und Arbeitslosenhilfe und durch eine Zwangsabgabe von internationalen Konzernen finanziert werden sollte.

Als Berechnungen von Wirtschaftsforschern bekannt wurden, wonach das Bürgergeld die öffentlichen Kassen erheblich stärker belasten würde als die damaligen Formen von Arbeitslosengeld, Arbeitslosenhilfe und Sozialhilfe, hörte man bald nichts mehr davon. Allerdings wurden „Bürgerarbeits"-Projekte in einigen Kreisen und Gemeinden in Nord-

rhein-Westfalen, Sachsen-Anhalt und Bayern als Modell-
programme initiiert.[6] Ulrich Beck hat 2012 anscheinend eine kritische Wende
gegenüber seinen früheren gesellschaftspolitischen Vorstellungen vollzogen. Demnach haben die „Kollateralschäden"
der rigiden Sparpolitik in der Euro-Finanzkrise vor allem in
den südeuropäischen Ländern „die Grenzen des Zumutbaren
überschritten: mit Arbeitslosenzahlen, die das Ausmaß der
Großen Depression erreicht haben, und symbolisiert durch
Arbeiter, die der Mittelklasse angehören, aber im Müll nach
Essbarem suchen müssen".[7]

Enquete-Kommission: Gratisarbeit als gelebte Demokratie?

Im Dezember 1999 setzte der Deutsche Bundestag die 22-
köpfige Enquete-Kommission Zukunft des Bürgerschaftlichen Engagements ein, je zur Hälfte aus Abgeordneten und
Sachverständigen bestehend. Fraktionsübergreifend war man
sich einig: „Bürgerschaftliches Engagement ist eine unver-
zichtbare Bedingung für den Zusammenhalt unserer Gesellschaft."[8] Bei dem Versuch zu definieren, was genau unter
„bürgerschaftlichem Engagement" zu verstehen sei, beließ es

[6] Gisela Notz, a. a. O., S. 77

[7] So Beck in einem Text der *taz* vom 24. 11. 2012, der auf seinem bei Suhr-
kamp erschienenen Buch *Das deutsche Europa* basiert. Hans Günter Grewer
kommentiert diese „kleine kopernikanische Wende des Professor Beck" in einem Leserbrief (*taz*, 27. 11. 2012) mit den Worten: „Wer hätte diese Einsicht
von einem erwartet, der vor zehn Jahren erst die ideologische Substanz des
Blair-Schröder-Elaborats zur ,Neuen Mitte' geliefert und die positivistische
Figur des Risikokapitalismus geschaffen hat? [. . .] Die Austeritätspolitik, die
er heute an Europa kritisiert, hatte im Deutschland der Jahre 2000 ff. in der
Mixtur aus Deregulierungspolitik und Agenda 2010 einen Vorläufer, zu dem
Beck einen Beitrag geleistet hat, weswegen Pierre Bourdieu ihn treffend als
,intellektuellen Hofschranzen' tituliert hat."

[8] Deutscher Bundestag. Enquete-Kommission „Zukunft des bürgerschaftlichen Engagements", *Bericht Bürgerschaftliches Engagement: Auf dem Weg in
eine zukunftsfähige Bürgergesellschaft*, Opladen 2002, S. 5. Im Folgenden zitiert als „Enquete-Kommission".

die Kommission bei einer breiten Spanne von Interpretationsmöglichkeiten: Engagement in diesem Sinn beinhaltet sowohl Selbsthilfe in entsprechenden Initiativen, wie das Aktivwerden zugunsten anderer im Rahmen von Vereinen oder Verbänden in Sport, Kultur, Freizeit oder Sozialem; es umfasst nach Meinung der Kommission sowohl das klassische Ehrenamt in der Kommunalpolitik oder als Schöffin wie auch das Stiftungs- und Spendenwesen. Bürgerschaftliches Engagement finde sich – last not least – in der politischen Mitgestaltung durch Parteien, Gewerkschaften und Bürgerinitiativen.

Damit gab die Kommission eine schillernde Begrifflichkeit von bürgerschaftlichem Engagement vor, bei der in einem Atemzug sowohl die „Eigenverantwortung" für bisher von Staats wegen geleistete Dienste betont wird als auch der Anspruch auf demokratische Mitbestimmung im Gemeinwesen. Diese Uneindeutigkeit ist immer noch Kennzeichen von „Engagement" und dient dazu, je nach Bedarf demokratisch-partizipatorische, „eigenverantwortliche" oder karitative Aspekte hervorzuheben. Das Abrücken des Staats und der Kommunen von manchen bisher von ihnen organisierten und finanzierten Dienstleistungen wird so geschickt mit einem basisdemokratischen Anspruch auf Beteiligung vermengt.

Das kommt sehr schön im „Leitbild Bürgergesellschaft" zum Ausdruck, dem sich die Kommission verpflichtet fühlte. Unter Bürgergesellschaft verstand die Kommission „ein Gemeinwesen, in dem sich die Bürgerinnen und Bürger nach demokratischen Regeln selbst organisieren und auf die Geschicke des Gemeinwesens einwirken können".[9]

Klingt gut, wenn auch ein bisschen nach Staatsvorstellungen des klassischen Altertums oder der italienischen Stadtstaaten des Mittelalters, auf die sich besonders der Kommissionsvorsitzende Michael Bürsch gern bezog. Auf einer Veranstaltung der Friedrich-Ebert-Stiftung aus Anlass des *Inter-*

---

[9] Enquete-Kommission, a. a. O., S. 15

nationalen Jahrs der Freiwilligen 2001 umriss Bürsch das „Zielbild einer europäischen Zivilgesellschaft von aktiven Bürgerinnen und Bürgern".[10] Die europäischen, insbesondere italienischen, Stadtstaaten des ausgehenden Mittelalters hätten als „Bürgerkommunen" Strukturen demokratischer Selbstbestimmung geschaffen. Wobei der Kommissionsvorsitzende offenbar vergaß, dass in diesen Staatsgebilden eine von der Reproduktion des täglichen Lebens weitgehend freigestellte Bürger- oder Kaufmannsschicht nicht nur Selbstverwaltung ausübte, sondern auch Herrschaft über eine Mehrheit anderer (Unfreie, Tagelöhner, Handarbeiter, Frauen).

Der Bürger knüpft Netze

Auch heute, so Bürsch 2001, knüpfe der „aktive Citoyen Netze demokratischer Selbstbestimmung", zum Beispiel durch nichtstaatliche Gruppierungen wie Freiwilligenagenturen. Das alles müsse man sehen vor dem Hintergrund „der wachsenden Bedeutung von Tätigkeitsformen jenseits der Erwerbsarbeit". Und unter Beachtung des „Zusammenhangs von Sozialstaat und Gesellschaft", womit der MdB die damals gerade über den Atlantik schwappende Idee des „Corporate Citizenship" meinte, die – O-Ton Bürsch – „Annäherung von Wirtschaft und Bürgergesellschaft". Als Beispiel nannte er die Zusammenarbeit zwischen McKinsey und der damals gerade entstehenden *Berliner Tafel*. Die weltweit operierende Unternehmensberatung *McKinsey*, bekannt für die rigorose Art, mit der sie ihren Kunden Personalabbau empfiehlt, stellte zwei Mitarbeiter ab zur kostenlosen Beratung der Berliner Tafel. Das hinderte den SPD-Politiker aber nicht, im gleichen Atemzug von einer „Absage an das neoliberale Programm, Freiwilligenarbeit als Ersatz für das soziale Netz" zu sprechen.

---

[10] 1./2. Februar 2001 in Bonn

Dass das Konzept „Bürgergesellschaft" eben doch vor allem dazu dient, den Rückzug des Staates aus der Verantwortung für die Gestaltung des Gemeinwesens zu rechtfertigen, kam im Abschlußbericht der Enquete-Kommission klar zum Ausdruck:

„Bürgergesellschaft heißt, sich von der Vorstellung der Allzuständigkeit des Staates zu verabschieden, zuzulassen und zu fordern, dass Bürgerinnen und Bürger in größerem Maße für die Geschicke des Gemeinwesens Sorge tragen. Bürgergesellschaft ist eine Gesellschaft selbstbewusster und selbstverantwortlicher Bürger, eine Gesellschaft der Selbstermächtigung und Selbstorganisation."

Der Begriff „Selbstermächtigung" („Empowerment") ist aus der Entwicklungszusammenarbeit übernommen, wo er dazu dient, Frauen, sozial Benachteiligten, ethnischen oder religiösen Minderheiten zu helfen, aktiv für ihre Rechte einzutreten. Nun wird er also gegen die „anonyme Bürokratie" entwickelter demokratischer Industriestaaten in Stellung gebracht. Weshalb, geht aus dem weiteren Text hervor:

„Unter dem Stichwort einer neuen Verantwortungsteilung wird in der Bürgergesellschaft mehr bürgerschaftliche Verantwortung von den Bürgerinnen und Bürgern erwartet – ohne dass dies vom Staat erzwungen wird. Die Idee der Bürgergesellschaft rechnet vielmehr mit einer freiwilligen Verantwortungsübernahme. (. . .) Formen der Selbstverpflichtung werden umso notwendiger, je stärker sich der Staat von geltenden Regelungsansprüchen zurückzieht und Aufgaben, die nicht staatlich geregelt werden müssen, bürgerschaftlichen Akteuren überantwortet. Deregulierung, Ermöglichung, Subsidiarität und der Abbau bürokratischer Strukturen als Elemente bürgergesellschaftlicher Reformen brauchen zu ihrem Gelingen ein Gegenstück: die innere Haltung der Bürgerinnen und Bürger, für die Gemeinschaft aus einer freiwillig übernommenen Verantwortung etwas zu tun."[11]

---

[11] Enquete-Kommission, a. a. O., S. 76f.

Bürgergesellschaft – Fördern und Fordern

Mit dem Abschluss der Enquete-Kommission 2002 ebbte die Debatte um einige der schrillsten „postmodernen" Gesellschaftsentwürfe ab – sicher auch dem Umstand geschuldet, dass die „New Economy"-Blase inzwischen geplatzt war und die Erkenntnis langsam zurückkehrte, dass die Erwerbsarbeitsgesellschaft (und damit vielleicht auch das Sozialstaatsmodell?) keineswegs so von gestern waren, wie die Propheten der „selbsttätigen Gesellschaft" kurz vorher noch glaubten. Von „Bürgerarbeit" gegen „Bürgergeld" als Beschäftigungsform für alle und jeden war nicht mehr die Rede. Stattdessen erkannte die Kommission, „bürgerschaftliches Engagement kann den Verlust des Arbeitsplatzes nicht ersetzen".[12]

An die Unternehmen appellierte die Kommission, ihre gesellschaftliche Verantwortung durch „Corporate Social Responsibility" bzw. „Corporate Citizenship" wahrzunehmen, also durch „glaubwürdige Gemeinwohlorientierung", wie Michael Bürsch es ausdrückte.[13]

Auch dem Staat wird in der Bürgergesellschaft eine, wenn auch veränderte Rolle zugebilligt. Der Staat „ermöglicht die Selbstorganisation und die Eigenverantwortlichkeit der Bürgergesellschaft", indem er zum Beispiel „den Bürgern Ressourcen zur Verfügung stellt, um die eigenen Angelegenheiten erfolgreich in die Hand nehmen zu können."[14] Der „ermöglichende Staat" wird an anderer Stelle des Berichts auch mit dem „ermunternden" oder „aktivierenden Staat" gleichgesetzt. Lediglich das sachverständige Kommissionsmitglied Roland Roth drückte hier Distanz aus. In einem Sondervotum schrieb Roth, Politikwissenschaftler an der Hochschule Magdeburg-Stendal: „Mit dem insgesamt heterogenen Konzept des ‚aktivierenden Staates' (. . .) werden oft Vorstellun-

---

[12] Enquete-Kommission, a. a. O., S. 17
[13] Enquete-Kommission, a. a. O., S. 9
[14] Enquete-Kommission, a. a. O., S. 60f. und 76

gen verbunden, die das Gegenteil von freiwilligem Bürgerengagement bedeuten. Dies gilt besonders für neue Formen des Arbeitszwangs und schlecht bezahlter Arbeit für die Bezieher sozialer Transferleistungen, die mit der Parole ‚fordern und fördern' ‚aktiviert' werden sollen."[15] Roths Befürchtungen wurden bald darauf von der *Hartz-Kommission* bestätigt. Laut deren Bericht *Moderne Dienstleistungen am Arbeitsmarkt* „ermöglicht" die Arbeitsagentur den Arbeitslosen, zum Beispiel durch Bewerbungstraining, „Eigenaktivitäten" zu entfalten; diese „Förderung" führt hier aber umstandslos zur „Forderung" an die „Kunden", praktisch jede Arbeit anzunehmen.

Mehr Absicherung, weniger Steuern

In ihren Empfehlungen an Politik und Gesellschaft appellierte die Kommission an die Wohlfahrtsorganisationen, aber auch an staatliche und kommunale Verwaltungen, sich gegenüber den ehrenamtlich Engagierten mehr zu öffnen und ihnen Mitsprache, Beteiligungs- und Entscheidungsrechte einzuräumen. Um mehr Menschen für ein entsprechendes Engagement zu motivieren, müssten partizipatorische Handlungsräume erweitert werden.

Bei Unternehmen wurden flexiblere Arbeitszeiten und größere Freiräume angemahnt, um Erwerbstätigen bürgerschaftliche Betätigung zu ermöglichen.

In den folgenden Jahren wurden vor allem einige Empfehlungen der Kommission zur Verbesserung der Rahmenbedingungen für Freiwilligenarbeit umgesetzt. So sind jetzt, neben den schon früher abgesicherten öffentlichen Ehrenamtlichen (Schöffen, Ratsmitglieder, Rettungshelfer u. a.), auch die im sozialen Bereich Engagierten der Wohlfahrtsverbände gesetzlich unfallversichert. Das gilt auch für kurzfristig Tätige, etwa bei kommunalen Müllbeseitigungsaktionen. Außer für öffentlich Ehrenamtliche, die traditionell haf-

---

[15] Enquete-Kommission, a. a. O., S. 60

tungsrechtlich abgesichert sind, ist die Lage beim Haftungs-
recht weniger eindeutig: Engagierte müssen ihre entsprechende Absicherung mit den sie beschäftigenden Organisationen klären.

Auch steuerrechtliche Rahmenbedingungen wurden durch
das 2007 vom Bundestag verabschiedete *Gesetz zur weiteren
Stärkung des bürgerschaftlichen Engagements* verbessert.
Seit dem 1. Januar 2013 sind Aufwandsentschädigungen im
Zusammenhang mit einer gemeinnützigen Tätigkeit bis zu
720 Euro im Jahr steuerfrei. Für bestimmte Freiwilligen-Ar-
beiten mit dem Charakter eines Nebenerwerbs gab es schon
vor 2007 einen Steuerfreibetrag. Übrigens wurde gegen die
mehrheitliche Empfehlung im Abschlussbericht der Kommission von 2002 diese sogenannte Übungsleiterpauschale in
den folgenden Jahren erhöht, zuletzt 2013 auf einheitlich
2 400 Euro im Jahr. Die Sport-Lobby lässt grüssen.

Ehrenamtliche, Engagierte, Freiwillige –
wer sie sind

Wer, wo, wieviel?

Das von der Enquete-Kommission 1999 bis 2002 versammelte Experten-Wissen und zahlreiche seither in Auftrag gegebene Umfragen und Gutachten erbrachten auf breiter Basis empirische Erkenntnisse über die Struktur des Engagements in Deutschland und die Motive der Engagierten. Rettungsdienst bei der Bergwacht, Kochen im „Tafel-Restaurant", Aufsicht in der Stadtteilbibliothek, Übungsleitung im Sportverein, Besuchsdienste in Krankenhäusern und Heimen – Freiwilligen-Arbeit trägt in fast allen gesellschaftlichen Bereichen zur Funktionsfähigkeit des Ganzen bei. Ohne die rund 23 Millionen Menschen, die sich in Deutschland ehrenamtlich, ohne Erwerbsabsicht, für andere einsetzen, wäre die Gesellschaft nicht nur ein Ort großer sozialer Kälte – viele uns selbstverständlich erscheinende Einrichtungen und Dienstleistungen gäbe es nicht. Die organisatorische Basis dafür besteht aus rund einer Million Institutionen unterschiedlicher Rechtsform, Größe und Zusammensetzung: Vereine, Initiativen, Netzwerke, Stiftungen, Selbsthilfegruppen, Verbände.[16]

In Deutschland ist rund ein Drittel der Bevölkerung über 15 Jahre ehrenamtlich tätig, in unterschiedlichem zeitlichem Ausmaß, von ein paar Stunden pro Jahr bis zu vielen Stunden in der Woche. In anderen EU-Ländern ist es ähnlich, wobei Schweden mit etwa 50 Prozent engagierter Erwachsener herausragt. Auch in Großbritannien, Norwegen und den

---

[16] Deutscher Bundestag, 17. Wahlperiode, *Erster Engagementbericht – Für eine Kultur der Mitverantwortung. Bericht der Sachverständigenkommission und Stellungnahme der Bundesregierung*, Bundestagsdrucksache 17/10580, S. 34. Im Folgenden zitiert als „Erster Engagementbericht"

Niederlanden sind die Zahlen höher als hierzulande. In den USA, dem Musterland des „Volunteering", sind dagegen eher bescheidene 26,8 Prozent der Bevölkerung über 16 Jahre bürgerschaftlich aktiv, so Zahlen, die das Statistik-Büro des US-Arbeitsministeriums für 2008 vorlegte. Diese Unterschiede sind zum Teil nicht vergleichbaren Erhebungsmethoden geschuldet. Anders als in Deutschland wird zum Beispiel nicht immer zwischen einfacher Mitgliedschaft in gemeinnützigen Organisationen oder Vereinen und darüber hinausgehendem Engagement unterschieden. Aber auch kulturelle und politische Unterschiede spielen eine Rolle. So gibt es Hinweise darauf, dass die Engagementbereitschaft umso größer ist, je besser die sozialen Sicherheitssysteme ausgebaut sind und je weniger Ungleichheit in einer Gesellschaft herrscht.

In Zahlen ausgedrückt, arbeiteten im Jahre 2009 die Engagierten in Deutschland 4,6 Milliarden Stunden für lau, durchschnittlich 16,2 Stunden monatlich. Umgerechnet auf einen Achtstundentag entsprach das der Arbeitszeit von 3,2 Millionen Vollzeitbeschäftigten. Eine Zahl übrigens, die eine gewisse Ähnlichkeit mit einer anderen Zahl aus dem Jahr 2009 aufweist: 3,4 Millionen Menschen waren damals in Deutschland arbeitslos gemeldet.

Legt man einen bescheidenen Stundensatz von 7,50 Euro zugrunde, entspricht der von den Engagierten geschaffene Jahresarbeitswert 35 Milliarden Euro. Diese Zahlen verdanken wir der *Prognos AG*, die sie anhand einer Umfrage bei 44 000 Menschen in 439 kreisfreien Städten und Landkreisen im Auftrag der Versicherung *AMB Generali* für deren *Engagementatlas 2009* hochgerechnet hat.[17]

Die größte Zahl freiwillig engagierter Menschen ist im Bereich Sport und Bewegung aktiv. Rund ein Fünftel aller Ehrenamtlichen in Deutschland finden sich in den Vorständen von Sportvereinen, als Trainer (Übungsleiter), Schieds-

---

[17] http://www.zukunftsfonds.generali.de/online/portal/gdinternet/ zukunftsfonds/content/314342/309588

und Kampfrichter.[18] Das sind rund zehn Prozent der Bevölkerung ab 14 Jahren. Zusammen mit Freizeit-, Kultur- und Musikvereinen umfasst dieser Bereich sogar ein Drittel der Engagierten. Der nächstgrößere Bereich sind die Schulen bzw. Kindertagesstätten; hier engagieren sich vorwiegend Eltern in Schulpflegschaften und Schulfördervereinen. Es folgt das Engagement im Rahmen von Kirchen und Religionsgemeinschaften, sodann der Bereich Soziales. Zahlenmäßig weniger bedeutsam sind die Politik, die berufliche Interessenvertretung, der Katastrophenschutz, die Jugend- und Bildungsarbeit, sowie der Bereich Justiz (Schöffen, Gefangenenbesuchsdienste).[19]

Männer, Amt, Ehre

Ehrenamtlichkeit ist über die Jahre hinweg weitgehend ein Mittelschichtsphänomen geblieben. Auch wenn das kurzfristige, projektbezogene Engagement vor allem junger Menschen zugenommen hat, so ist der typische Ehrenamtler immer noch ein berufstätiger, mittel bis gut verdienender Familienvater im mittleren Lebensalter. Er engagiert sich vorzugsweise im Sport und im sonstigen Vereinswesen, man findet ihn auch in öffentlichen Ehrenämtern, als Schöffe bei Gericht, in der Kommunalpolitik oder bei der Freiwilligen Feuerwehr, Funktionen, für die es häufig gesetzliche Freistellungsregelungen und Aufwandsentschädigungen gibt. Die weibliche Entsprechung ist die nicht-berufstätige Ehefrau oder Rentnerin, deren Kinder aus dem Haus sind, und die sich sozial-karitativ, im Bildungs- oder im Kulturbereich engagiert. An der geschlechtsspezifischen Aufteilung ehrenamtlicher Arbeit hat sich über die Jahre wenig geändert. Im regelmäßig im Auftrag der Bundesregierung erstellten *Freiwilligensurvey* heißt es dazu:

---

[18] Bundesministerium für Familie, Senioren, Frauen und Jugend und Wissenschaftszentrum Berlin, *Bericht zur Lage und zu den Perspektiven des bürgerschaftlichen Engagements in Deutschland*, Berlin, 2009, S. 31
[19] Zu den Zahlen im einzelnen vgl. Erster Engagementbericht, S. 69ff.

„Frauen tragen ganz besonders die (im engeren wie im weiteren Sinne) sozialen Bereiche der Zivilgesellschaft (Kindergarten und Schule, Soziales, Gesundheit, Kirche) (...). Dennoch erklärt die starke Stellung der Männer im insgesamt dominierenden Vereinsbereich (besonders bei Sport und Freizeit), im politischen und berufsbezogenen Engagement sowie bei der Freiwilligen Feuerwehr bzw. den Rettungsdiensten die insgesamt deutlich höhere Engagementbeteiligung der Männer. Die starke Vertretung der Männer (auch) in der Zivilgesellschaft setzt sich in der bevorzugten Besetzung von zivilgesellschaftlichen Führungspositionen mit Männern fort, sogar in Bereichen, die eigentlich vom freiwilligen Engagement von Frauen bestimmt werden." Dass sich Frauen insgesamt weniger engagieren, hat mit ihrer hohen privaten Belastung durch Haus-, Familien- und Pflegearbeit zu tun. Auch diese Tendenz ist ungebrochen.[20] Arbeitslose sind dagegen nur schwer zu einem gemeinnützigen Engagement zu motivieren. Die Minderheit unter ihnen, die sich ehrenamtlich betätigt, hat das auch bereits vor der Arbeitslosigkeit getan. Anders sieht es beim neuen *Bundesfreiwilligendienst* aus, der für Erwerbslose eine Alternative zur Arbeitslosigkeit sein kann, weil es dort wenigstens ein bisschen Geld gibt.

Es reicht nicht?

Seit der großen historischen Wende des Jahres 1989 steht Freiwilligenarbeit in Deutschland im Zentrum der politischen Aufmerksamkeit. Die Bundesregierung finanziert Modellprojekte, veröffentlicht Berichte und Surveys, Tage und Wochen des Ehrenamts werden ausgerufen und genutzt, um verstärkt Engagement einzufordern. Die EU-Kommission machte 2011 zum *Europäischen Jahr der Freiwilligentätigkeit* und erwartete, „dass mehr Menschen sich ehrenamtlich engagie-

---

[20] Bundesministerium für Familie, Senioren, Frauen und Jugend (Hrsg.), *Monitor Engagement. 2. Freiwilliges Engagement in Deutschland 1999-2004-2009*, Berlin, 2010, S. 39f.

ren und dass das Bewusstsein für den Mehrwert dieses Engagements gesteigert wird". Aber die Ausbeute ist bescheiden.

Obwohl mehr Menschen als noch in den Neunzigerjahren in Umfragen sagen, sie würden sich gerne ehrenamtlich betätigen, ist die tatsächliche Engagementquote nur geringfügig gestiegen. Unter anderem werden dafür die alternde Bevölkerung, aber auch der gestiegene Zeit- und Leistungsdruck in Beruf und Ausbildung verantwortlich gemacht. Gleichzeitig verändert sich die Form des Engagements. Noch vor ein, zwei Generationen fühlten sich viele Menschen an Institutionen wie Verein, Kirche, Bergwacht oder Rotes Kreuz gebunden. Diese Bindungen werden lockerer und damit nimmt auch das an diese Institutionen gebundene ehrenamtliche Engagement ab. Menschen engagieren sich heute lieber punktuell und oft auch unabhängig von Institutionen. Hieß Ehrenamt früher, sich langfristig zu binden, so stellen sich heute viele Menschen, vor allem jüngere, eher für zeitlich begrenzte Projekte zur Verfügung oder arbeiten im informellen Rahmen, etwa in Bürgerinitiativen oder Selbsthilfegruppen. Die Lücken, die die Einsparungen bei öffentlichen Diensten sowie die Privatisierung und Ökonomisierung öffentlicher Aufgaben in der Kultur, im Gesundheitswesen, in der Pflege und im Bildungssystem hinterlassen, können aber nicht immer durch kurzfristigen, diskontinuierlichen Einsatz geschlossen werden. Durch den Auf- und Ausbau von Freiwilligendiensten wird versucht, die insgesamt flüchtigere und individuellere Bereitschaft sich einzubringen, zu verstetigen und berechenbarer zu machen.

Strukturierung, Systematisierung, Verstetigung – die Freiwilligendienste

Solange die Wehrpflicht bestand, waren immer wieder Stimmen zu hören, die eine entsprechende Verpflichtung zur „Dienstleistung" auch für junge Frauen forderten. Eine Antwort darauf war das *Freiwillige Soziale Jahr* (FSJ). Ursprünglich eine Initiative der Kirchen für junge Erwachsene bis 27, kam es 1964 in die Obhut des Bundesfamilienministeriums und wurde später um einen Zweig *Freiwilliges Ökologisches Jahr* (FÖJ) erweitert. Obwohl für beide Geschlechter offen, war das FSJ vor allem eine Domäne junger Frauen; junge Männer bevorzugten im Zweifel den Zivildienst, zumal die „Zivis" im Vergleich zum FSJ-Taschengeld einen höheren Sold bekamen.

„Ja, dann kann man immer nur hoffen, dass die auch regelmäßig kommen", seufzt eine Fachbereichsleiterin der *Caritas*, die Ehrenamtliche für die Hausaufgabenbetreuung im Rahmen der „Offenen Ganztagsschule" sucht. Freiwillige der Dienste sind bei allen Trägerorganisationen beliebt, weil ihre Arbeitsleistung planbar, ihr Engagement berechenbar ist. Sie schließen mit den Trägern Verträge ab, in denen sie sich in der Regel zwischen einem halben und anderthalb Jahren verpflichten, mindestens halbtags zu arbeiten. Dafür gibt es ein monatliches Taschengeld, manchmal auch Zuschüsse zu Unterkunft und Verpflegung, in jedem Fall Versicherungsschutz, fachliche Begleitung und Fortbildung.

Angesichts vieler nichterwerbstätiger Ehefrauen und leistungsfähiger Rentner lag der Gedanke nahe, auch die ältere Generation in ein verbindliches Freiwilligen-Konzept einzubinden. Die *Freiwilligendienste aller Generationen* waren ein vom Bundesfamilienministerium von 2009 bis 2011 finanziell unterstütztes Projekt zur Vernetzung regionaler ehrenamtlicher Strukturen. Diese Dienste ohne Altersbeschränkung werden von Kommunen und Kreisen getragen, die in der Regel kein Taschengeld zahlen, aber fachliche Begleitung und Fortbildung bieten.

Im Rahmen des *Kölner Freiwilligendienstes*, einer örtlichen Variante des Freiwilligendienstes aller Generationen, gab es im März 2013 unter anderen folgende Angebote: Eine Senioreneinrichtung sucht jemanden für Fahrdienste und Handwerksarbeiten im Rahmen der Haustechnik (25 Wochenstunden); ein Hostel möchte 15 Stunden Arbeit rund ums Frühstücksbuffet einkaufen, pardon, geschenkt bekommen; gar 40 Wochenstunden will eine „Offene Ganztagsschule" einen Dienstleistenden beschäftigen, sie oder er soll mit den Kindern spielen, werken, basteln, in Küche und Garten aushelfen; eine Kita sucht für 20 bis 40 Stunden in der Woche eine Hilfe für die Erzieherinnen; drei evangelische Kirchengemeinden sind zu arm, um sich auf dem Arbeitsmarkt Unterstützung für Büro und Grünpflege einzukaufen (15 Stunden in der Woche). Einige der Träger suchen schon länger Freiwillige. Anscheinend finden es doch viele Menschen nicht selbstverständlich, sich für lau zu verdingen.[21]

Im Jahr 2011 ersetzte der *Bundesfreiwilligendienst* (BFD) den Zivildienst, der mit Abschaffung der Wehrpflicht zum 1. Juli 2011 auslief. Auch der BFD ist ohne Altersbeschränkung für Männer und Frauen offen. Zurzeit finanziert der Bund 35 000 Stellen. Die Höhe des monatlichen Taschengelds wird von den einzelnen Trägern bestimmt, soll 336 Euro im Monat nicht überschreiten. Insgesamt haben sich rund 80 000, zumeist jüngere Menschen, bei den Freiwilligendiensten engagiert, die meisten im FSJ (cirka 45 000), gefolgt vom BFD, bei dem Anfang Mai 2012 rund 33 000 Stellen besetzt waren.

Zahlreich sind die Möglichkeiten vor allem für junge Menschen, sich im Ausland zu engagieren. Zum Beispiel beim *Europäischen Freiwilligendienst* oder bei kirchlichen Friedensdiensten. Der *Deutsche Entwicklungsdienst* ist inzwischen in der *Gesellschaft für Internationale Zusammenarbeit* (GIZ) aufgegangen und bietet unter den Stichworten „weltwärts" oder „Ziviler Friedensdienst" Stellen fürs „Volunteering" im Ausland.

---

[21] www.koeln-freiwillig.de/KoelnerFreiwilligendienst [aufgerufen 18. 3. 2013]

Senioren, Migranten, Arbeitslose – anpacken!

„Immer mehr Bürger leiden an zuviel sinnfreier Zeit. Im Durchschnitt beträgt der Anteil der Freizeit 65 Prozent, bei manchen liegt sie natürlich darunter, dafür beträgt sie bei Menschen im dritten Lebensalter oder bei Langzeitarbeitslosen 100 Prozent", sorgt sich der Psychiater und Soziologe Klaus Dörner. Zwar könne die Zunahme freier Zeit „durchaus genossen werden", aber das sei nur „bis zu einem Optimum möglich. Jenseits davon schlägt der Genuss in Leiden um". Dr. Dörners Rezept dagegen: „Soziale Erdung (. . .) eine individuell unterschiedliche Tagesdosis an Bedeutung für andere."[22]

Die Signale werden gehört. Der *Erste Engagementbericht der Bundesregierung* von 2012 spricht von einer „Ökonomie der Ressourcengewinnung", wenn es darum geht, noch mehr „Bürgerinnen und Bürger" einzubeziehen, „ob als Geldspender oder freiwillig Mitarbeitende".[23]

Und es gibt auch schon einen „Turnaround" zu vermelden: Die Freiwilligensurveys stellen einen wachsenden Anteil der über 60-Jährigen an den Ehrenamtlichen fest. Das Engagement der „jungen Alten" (65 bis 69 Jahre) nahm im Zehnjahreszeitraum 1999 bis 2009 von 24 auf 37 Prozent der Bevölkerung in dieser Altersgruppe zu. Zu verdanken ist das nicht zuletzt den sich ausdifferenzierenden Bildern vom Alter. Neben der Vorstellung von alten Menschen als hilfsbedürftig gibt es auch die gesellschaftlichen Leitmotive der „Best Ager", die gesund, fit, tatkräftig und gesellschaftlich interessiert sind.[24]

Nach der Statistik engagieren sich mehr ältere Männer als ältere Frauen ehrenamtlich. Die Zahlen sind aber von beschränkter Aussagekraft, weil der im Fünfjahresrhythmus er-

---

[22] Klaus Dörner, Leben und Sterben: Die neue Bürgerhilfebewegung, in *Aus Politik und Zeitgeschichte*, 2008, www.bpb.de/apuz/31452
[23] Erster Engagementbericht, S. 169
[24] Erster Engagementbericht, S. 74

hobene Freiwilligensurvey oder auch die für den „Engagementatlas" des Versicherungskonzerns Generali erfragten Zahlen nicht die im privaten Rahmen geleistete „Care"-Arbeit von Frauen abbilden. Ältere Frauen pflegen ihre noch älteren Partner zu Hause. Wenn sich Großmütter nicht intensiv um Enkel kümmerten, bräche zumindest in Westdeutschland die Kinderversorgung komplett zusammen.

Jenseits der Familie sind ältere Frauen schon lange als Ehrenamtliche in der Pflege, bei Besuchsdiensten, in Krankenhäusern, Altenheimen, Tafelrestaurants und Kindertagesstätten unterwegs. Dieser Bereich der Ehrenamtlichkeit ist ganz überwiegend Frauensache, wenn auch öffentlich nicht so gut sichtbar wie Funktionen als Vereinsvorsitzender, Sportobmann oder Ratsherr. Das passt gut zum anerzogenen „weiblichen" Sozialcharakter, der Vorstellung, niemand zur Last zu fallen, sondern im Gegenteil, sich nützlich zu machen, wo immer es geht. Zu Recht nennt daher die Soziologin Elisabeth Beck-Gernsheim ältere Frauen „die heimliche Ressource der Sozialpolitik".[25]

In allen Bereichen deutlich unterrepräsentiert sind Menchen mit Migrationsgeschichte. Nach den Freiwilligensurveys haben sich 1999 20 Prozent und 2009 23 Prozent der Menschen mit Zuwanderungshintergrund ehrenamtlich betätigt. Erklärend heißt es im Ersten Engagementbericht dazu jedoch, „dass die Datenlage zum Engagement von Menschen mit Zuwanderungsgeschichte nur sehr begrenzte Aussagen über das tatsächliche Engagement ermöglicht", unter anderem deshalb, weil die Befragungen im Rahmen des Freiwilligensurveys in deutscher Sprache durchgeführt werden. Aber die Bundesregierung hat erkannt, dass es hier um eine noch zu hebende Ressource geht:

„Die Bundesregierung misst der Förderung des bürgerschaftlichen Engagements von Migrantinnen und Migranten eine besondere Bedeutung bei. Der Nationale Aktionsplan

---

[25] Elisabeth Beck-Gernsheim, zitiert nach Gertrud M. Backes & Wolfgang Clemens, *Lebensphase Alter*, Weinheim, 2008, S. 90

Integration legt daher einen Schwerpunkt auf Maßnahmen zur Strukturveränderung, unter anderem durch interkulturelle Öffnung der Strukturen, gezielte Angebote für Migrantinnen und Migranten sowie die Unterstützung von Migrantenorganisationen z. B. durch Weiterbildungsveranstaltungen und Organisationsberatung."[26] Die Werbetrommel wird also kräftig weiter gerührt.

---

[26] Erster Engagementbericht, Stellungnahme der Bundesregierung, S. 12

Kommune, Schule, Krankenhaus – wie Ehrenamtliche den Betrieb in Gang halten

Kranke Krankenhäuser

Das Helios-Klinikum in Wuppertal wirbt auf seiner Webseite um „FSJler", also junge Leute, die ein Freiwilliges Soziales Jahr absolvieren. Was erwartet sie? „Essensausgabe oder Bettenreinigung; Blutdruck-, Puls- und Temperaturmessung; Transport von Patientinnen und Patienten; zahlreiche Aufgaben unter Anleitung und Beobachtung examinierter Pflegekräfte."[27]

Länder und Kommunen stecken kaum noch Geld in Krankenhäuser, man spart bis zum Anschlag. Oder verhökert die Kliniken gleich an private Großkonzerne: An *Asklepios, Fresenius, Helios* und wie sie alle heißen (die griechischen bzw. lateinischen Endungen sollen wohl Seriosität signalisieren). Die können zwar aus Konzernkassen technische und bauliche Investitionen finanzieren, holen sich das Geld aber durch Lohndrückerei und Personalabbau wieder herein. Um den Betrieb trotzdem aufrecht zu erhalten, hat man ja noch die Ressource „bürgerschaftliches Engagement". Kliniken, die sich noch in öffentlicher Regie befinden, machen es ihnen nach: Laut dem *Deutschen Institut für angewandte Pflegeforschung* sind seit 1995 in deutschen Krankenhäusern 14 Prozent des Pflegepersonals abgebaut worden – bei steigender Patientenzahl.[28]

Die Folgen sind bereits spürbar. Der Tod mehrerer Säuglinge auf der Frühgeborenen-Station der Bremer Universitätskliniken 2011 und die Erkrankung weiterer Kinder schien

---

[27] www.helios-kliniken.de/klinik/wuppertal [aufgerufen am 15. 2. 2013]
[28] *ver.di publik*, 6/2012

zunächst rätselhaft. Ähnliche Vorfälle wiederholten sich, trotz gründlicher Desinfektion der Station, im Frühjahr 2012. Im Herbst des gleichen Jahres gab es dann Berichte über Infektionen von Säuglingen durch Krankenhauskeime an der Berliner *Charité.*

Dass es mit der Hygiene in deutschen Krankenhäusern nicht zum Besten steht, ist seit langem bekannt. Es fehlt den Krankenhaus-Beschäftigten aber weder an hygienischen Kenntnissen, noch am Willen, diese umzusetzen. Es sind einfach zu wenige. Beim bestehenden Betreuungsschlüssel sei zum Beispiel die notwendige Desinfektion der Hände vor jeder neuen Berührung mit einem Kind unmöglich, urteilte der Hygieneexperte Walter Popp vor dem Untersuchungsausschuss der Bremer Bürgerschaft (Landtag), der sich 2012 mit den Frühchentoden in der Uni-Klinik des Landes beschäftigte.

Jakob Hein, Schriftsteller und ehemaliger Oberarzt an der Charité beschreibt die Misere an der Uni-Klinik der Hauptstadt mit drastischen Worten: „(. . .) an der Charité wurde und wird auf Teufel komm raus gekürzt, gestrichen und outgesourct. Gut waren Bauarbeiten, die man nicht ausführen musste, besser waren Service-Leistungen, die man nicht mehr erbrachte, aber das Beste war natürlich immer der Abbau teurer, aufmüpfiger und womöglich noch festangestellter Mitarbeiter. Als zweitbeste Lösung wurden die Arbeiten an externe Unternehmen gegeben, die dann ihre Mitarbeiterinnen für fünf Euro Stundenlohn in dem Universitätsklinikum arbeiten lassen. (. . .) Die Ressourcen, diese Fehler zu entdecken, zu reflektieren oder gar zu beheben, sind einfach nicht mehr vorhanden, wenn jeder nur froh ist, am Ende eines oft viel zu langen Arbeitstages für ein paar Stunden aus dem Hamsterrad aussteigen zu können." Die eingesparten Millionen werden außer für teure Medizintechnik auch für externe Beratungsunternehmen ausgegeben, deren Ratschläge dann weitere Sparrunden einläuten, „damit Geld für die nächste Runde der Beratungsunternehmen da ist."[29]

Die meisten Ärzte und Ärztinnen oder Krankenschwestern und Krankenpfleger haben ihren Beruf ergriffen, weil sie in ihrer Arbeit mit Menschen zu tun haben wollen. Die immer größere Rolle, die aufwändige Medizintechnik und bürokratische Dokumentationspflichten bei immer knapperen Personalschlüsseln spielen, reduzieren die Tätigkeiten an und mit Kranken auf vorgegebene Handgriffe und Techniken. Für die Desinfektion der Hände bleibt im durchrationalisierten Krankenhausalltag ebenso wenig Zeit wie für Gespräche mit Patienten, obwohl die wichtige Rolle bekannt ist, die das ärztliche Gespräch oder auch das mit dem Pfleger oder der Schwester beim Heilungsprozess spielt. Ebenso wie Reinigungsarbeiten und andere Dienstleistungen werden auch Teile der „Care"-Arbeit in den Krankenhäusern auf Externe verlagert – in diesem Fall nicht an Niedriglöhner, sondern gleich an Ehrenamtliche.

„Wir nehmen uns Zeit – wir setzen uns ein." So werben die „Grünen Damen" an der Berliner Charité um Ehrenamtliche, die den Patientinnen und Patienten vorlesen, Briefe schreiben, Besorgungen für sie erledigen oder ihnen einfach einmal zuhören. Die Grünen Damen und wenigen Herren der 1969 gegründeten *Evangelischen Krankenhaushilfe* machen das, „wofür das Pflegepersonal sich nicht die Zeit nehmen kann". Bundesweit sind es ihrer rund 11 000 in 452 Krankenhäusern und 256 Altenheimen.[30]

Pflegebedürftige Pflege

Ähnlich ist es in der ambulanten Pflege. Der Berliner Rentner Peter Etzer (72) ist infolge eines Hüftleidens gehbehindert. Morgens kommt jemand von der Diakoniestation, hilft Etzer beim Waschen, schmiert ihm Brote für das Frühstück

---

[29] *taz*, 23. 10. 2012
[30] www.berlinerstiftungswoche.eu

und steckt die Wäsche in die Waschmaschine. Für all das ist gerade einmal eine Viertelstunde Zeit, in der die Pflegekraft ihre Tätigkeit auch noch dokumentieren muss, bevor sie oder er zum nächsten „Fall" eilt. Ein Schwätzchen halten, ist nicht drin.

Dafür ist Anja Bohn vom ehrenamtlichen Besuchsdienst des Berliner *Johannesstifts* zuständig. Sie kommt mittags, geht mit Etzer spazieren und auf einen Kaffee oder ein Eis zum Italiener. Das besondere an Anja Bohn (38): Auch hauptberuflich hat sie mit alten Menschen zu tun. „Ich bin Altenpflegerin", sagt die Mutter einer dreizehnjährigen Tochter, „habe aber in meinem Beruf kaum Zeit für die Leute. Ich wollte endlich jemanden haben, bei dem ich nicht auf die Uhr gucken muss, sondern den ich verwöhnen kann."[31]

„Care"-Arbeit, die fürsorgliche Arbeit an und mit Menschen, Zuwendung und Einfühlungsvermögen, ist eigentlich zentraler Bestandteil der Heil- und Pflegeberufe. Weil sie traditionell eher Frauen als Männern zugeordnet wird, denen unterstellt wird, sie machten diese Arbeit aus „Liebe" und nicht aus Gründen des Erwerbs, sind personenbezogene Dienstleistungen im Allgemeinen schlecht bezahlt. Die Unterstützung von und die Sorge für andere, seien sie jung, alt oder krank, ist zeitaufwändig und eigentlich nicht unter marktwirtschaftliche Verwertungszwänge subsumierbar. Eigentlich. Inzwischen stehen hauptamtliche Pflegekräfte durch enge Zeitvorgaben für einzelne Verrichtungen und hohen bürokratischen Aufwand bei Dokumentation und Abrechnung mit den Kostenträgern unter großem Druck. Ihre „Kernkompetenzen" – Zuwendung, Empathie, Einfühlungsvermögen – werden nicht bezahlt, fallen daher unter den Tisch. Beziehungsweise werden auf Ehrenamtliche ausgelagert. Eigentlich ein Skandal, aber wen kümmert's?

---

[31] *change – Das Magazin der Bertelsmann-Stiftung*, 3/2012, S. 50

Der Bürger als Ressource

Nach Meinung des Psychiaters und Soziologen Klaus Dörner stößt das professionelle und institutionelle Hilfesystem – also Heilen und Pflegen in Krankenhäusern und Altenheimen – ohnehin an seine Grenzen. Angesichts eines geradezu „explodierenden gesamtgesellschaftlichen Hilfebedarfs" infolge der demographischen Entwicklung sei das System institutioneller Hilfen, „so tragfähig es in der Vergangenheit war, heute unbrauchbar oder zumindest unzureichend".[32] Weil laut Dörner weder personelle noch finanzielle Ressourcen reichen, gibt es nur einen Ausweg: Wir alle müssen ran. Denn: „Die einzige freie und verfügbare Ressource ist die Zeit der Bürger." Der Prozess der Professionalisierung des Helfens der vergangenen Jahrzehnte müsse nicht nur gestoppt, sondern zum Teil sogar rückgängig gemacht werden. Nicht nur, weil er nicht mehr finanzierbar sei, sondern auch aus Gründen der Integration, das heißt des Einbezugs Kranker, Alter und Hilfsbedürftiger in die alltägliche Welt des Wohnens, Lebens, Arbeitens aller Menschen in der Gesellschaft. Dörner sieht die Zukunft des Heilens, der Pflege und des Helfens in der Schaffung eines „Dritten Sozialraums" – einem Zwischending zwischen privatem (Familie, Wohnung) und öffentlichem Sozialraum (Krankenhaus, Altenheim, Pflegeheim). Diesen dritten Sozialraum im Stadtviertel oder der Dorfgemeinschaft habe es bis zur Moderne in allen Kulturen gegeben. Es gelte, ihn wiederzubeleben für Hilfeleistungen, mit denen eine Familie überfordert ist, für Singles, für die Integration von Migranten. In Ansätzen geschehe das bereits. Dörner stellt sich traditionelle Unterstützungsnetzwerke in neuer Form vor, etwa als Stadtviertel- oder Dorfwohnpflegegruppen für körperlich oder psychisch Behinderte, um die sich außer einem Kern von Professionellen auch die Bürger der Nachbarschaft, des Stadtviertels oder Dorfes kümmern sollen.

---

[32] Klaus Dörner, a. a. O.

Schön, aber wer soll's machen, angesichts stetig steigender Ansprüche an Zeit und Energie von Erwerbstätigen? Arbeitslose Freiwillige gegen „Aufwandsentschädigung"? Oder doch mal wieder die nichtberufstätigen Frauen, die durch ihre Männer versorgt sind?

Bundes- und Länderregierungen hören die Signale. 2008 wurde der *GKV-Spitzenverband Bund der Pflegekassen* verpflichtet, niedrigschwellige Betreuungsangebote und Gruppen ehrenamtlich Pflegender mit 25 Millionen Euro jährlich zu unterstützen. Die Länder sollen das Geld noch mal um den gleichen Betrag aufstocken. Das *Pflege-Neuausrichtungs-Gesetz* erlaubt zugelassenen stationären Pflegeeinrichtungen ausdrücklich, ehrenamtlichen Helfern Aufwandsentschädigungen zu zahlen. Ein weiterer Schritt zur Ausdehnung des Niedriglohn-Sektors.

Deutscher Schulalltag –
Fachkräfte, Freiwillige, Flickschusterei

Samira, Drittklässlerin, hat als Hausaufgabe in Deutsch, Hauptwörtern passende Adjektive zuzuordnen. Das soll spielerisch geschehen mit Hilfe zweier rotierender Pappscheiben, die man so lange drehen muss, bis zueinander passende Wörter auftauchen. Samira ist verzweifelt, sie kapiert den Mechanismus nicht, auch Mutter und Tante kapitulieren vor diesem didaktischen Material. Ulrich Kühn (70) probiert ein bisschen herum, dann hat er den Dreh raus und zeigt Samira, wie es geht. Die Schülerin ist stolz, sie wird ihr neuerworbenes Wissen am Abend Mutter und Tante vorführen. Solche Erlebnisse machen auch Ulrich Kühn stolz und zufrieden. Er ist einer von fünf Ehrenamtlichen, die in Gummersbach im Oberbergischen Kreis im Rahmen der „Offenen Ganztagsschule" (OGS) Kinder bei den Hausaufgaben begleiten. Das ist nicht immer einfach, denn viele kommen aus Flüchtlingsfamilien und sprechen nur wenig Deutsch. Mit der Stilllegung von Bahnstrecken gingen im früheren Eisenbahnknotenpunkt im Ortsteil Dieringhausen Arbeitsplätze verloren.

Es gebe viele Kinder aus bildungsfernen Familienverhältnissen, sagt Kühn, Eltern mit Suchtproblemen, alleinerziehende Mütter, Hartz-IV-Bezieher.

In Nordrhein-Westfalen, wo, wie in anderen westdeutschen Bundesländern, die traditionelle Halbtagsschule vorherrscht, ist die OGS ein freiwilliges Angebot eines Nachmittagsprogramms. Es wird häufig von freien Trägern gestaltet. Ungefähr ein Fünftel der 370 Grundschüler im Schulzentrum Dieringhausen nehmen das OGS-Angebot der örtlichen Caritas wahr. In drei Gruppen können sie ab Schulschluss bis 16.00 Uhr in großen, hellen Räumen des Untergeschosses zu Mittag essen, Schularbeiten machen, schlafen, toben oder spielen. In dieser Zeit werden sie von einer Lehrerin, einer Erzieherin und einer Sozialarbeiterin betreut. Das sind die pädagogischen Fachkräfte, die vom Landesgesetz vorgeschrieben sind; die drei Frauen haben jeweils eine halbe Stelle bei der Caritas. Hinzu kommen drei im Schulverwaltungsjargon so genannte „Ergänzungskräfte", die nicht pädagogisch vorgebildet sein müssen. In Dieringhausen sind das zwei Frauen und ein junger Mann, die auf 450-Euro-Basis plus einer „Aufwandsentschädigung" arbeiten. Die Frauen sind Familienfrauen, der junge Mann jobbt zwischen Schule und Studium. Eine Pädagogikstudentin mit einem 15-Stunden-Vertrag, ein Übungsleiter vom TV Dieringhausen, der auf Honorarbasis freitags anderthalb Stunden Sport anbietet, und die fünf Ehrenamtlichen, von denen die meisten einmal in der Woche kommen, komplettieren das Team.

„Was die Hauptamtlichen hier leisten, ist ungeheuer", sagt Ulrich Kühn, der vor seiner Pensionierung selber Lehrer war, „wie sie hier ständig improvisieren müssen, mit spärlichsten Mitteln über die Runden kommen und gleichzeitig den Kindern eine gute Zeit bieten".

Aber ohne die Ehrenamtlichen liefe es halt gar nicht.

Kinder, die weder Lesen noch Schreiben lernen

Rund ein Fünftel aller jungen Leute verlässt die Schule ohne ausreichende Kenntnisse in den Grundkompetenzen Lesen, Schreiben und Rechnen. Abgesehen von der sozialen Schieflage, die so in die nächste und übernächste Generation übertragen wird, zeichnet sich bereits jetzt ein Mangel an Fachkräften ab, der sich angesichts niedriger Geburtenraten in Zukunft verschärfen wird. Noch ist es leider so, dass schon die Grundschulen bei der Aufgabe versagen, allen Kindern Lesen und Schreiben beizubringen. Anschließend sorgt das dreigliedrige Schulsystem dafür, dass die Zurückgebliebenen noch weiter abgehängt werden. In Deutschland entscheidet die soziale Herkunft eines Kindes auf geradezu verblüffende Weise über das weitere Bildungs-, Erwerbsarbeits- und Lebensschicksal, in sehr viel stärkerem Ausmaß als in anderen Industrieländern.

Ist eigentlich alles auch kein Wunder, angesichts von fehlenden Krippen und Kitas, von schlechter Ausbildung und noch schlechterer Bezahlung der Fachkräfte im Bereich frühkindlicher Bildung, von zu großen Gruppen in Kindertagesstätten und durchschnittlichen Klassengrößen laut Statistischem Bundesamt von 21 Kindern schon in der Grundschule und von 27 in der Sekundarstufe I. Die individuelle Förderung von Kindern in Kitas und Schulen bleibt angesichts solcher Zahlen eine schöne Illusion.

Eltern mit dem nötigen Kleingeld haben schon immer einen Ausweg aus der Misere gefunden. Entweder wird das Kind gegen teures Schulgeld auf eine Privatschule geschickt, auf der infolge kleinerer Klassen mehr individuelle Förderung möglich ist, oder es wird in Nachhilfeunterricht investiert. Zum Beispiel bei der bundesweit agierenden Firma *Studienkreis Deutschland*, die Nachhilfe und Prüfungsvorbereitung in den gängigen Schulfächern aller Schultypen anbietet. Der Unterricht in Kleingruppen von drei bis fünf Kindern kostet pro 45 Minuten zwischen sechs und zwölf Euro pro Kind.

Kommerzielle Nachhilfe hat sich geradezu zu einer Boomindustrie entwickelt. Die Bildungsforscher Klaus und Annemarie Klemm legten 2010 eine im Auftrag der Bertelsmann-Stiftung erstellte Untersuchung vor, wonach jährlich 1,5 Milliarden Euro in Deutschland für Nachhilfe bei 1,1 Millionen Schülern ausgegeben werden.[33]

Bildungspolitik zum Selbermachen

Die Reaktion der Politik auf diese und ähnliche Befunde ist nicht etwa ein grundlegendes Umsteuern in der Bildungspolitik, was auch heißen würde, sehr viel mehr Geld ins öffentliche Bildungssystem fließen zu lassen. Die Reaktion der Politik ist – eine Public-Relations-Kampagne! Sie firmiert unter dem Namen *Allianz für Bildung* und wurde von der damaligen Bundesbildungsministerin Annette Schavan 2011 aus der Taufe gehoben. Ziel sei es, bildungsbenachteiligte Kinder und Jugendliche zu unterstützen und zu fördern. Wer soll unterstützen und fördern? Na, wir natürlich, die Bürgerinnen und Bürger. Denn – O-Ton Schavan – „Bildung für jedes Kind: Das ist nicht allein die Aufgabe von Staat und Schulen, sondern die der ganzen Gesellschaft."

„Die Gesellschaft" hat das bereits erkannt. Seit Jahren gehen bundesweit Tausende von freiwillig Engagierten in Schulen, um mit Kindern Lesen und Schreiben zu üben. Viele tun das auf eigene Faust, indem sie Kontakte zu Schulen aufbauen, oft sind es pensionierte Lehrerinnen und Lehrer, die als „Leselernhelfer" tätig sind. Andere arbeiten unter dem Dach von Vereinen und Initiativen. Die *Stiftung Lesen* ist bundesweit tätig. *Mentor* nennt sich ein weiterer Verband, dem auch Bestsellerautor Richard David Precht verbunden ist, der immer wieder dazu aufruft, in die „sozialen Brennpunkte" zu gehen und dort „Kevin" und „Achmed" Lesen und Schreiben beizubringen.

---

[33] Pressemitteilung der Bertelsmann-Stiftung vom 28. 1. 2010

Teach First, eine Initiative der Wirtschaft nach US-amerikanischen Vorbild, wirbt unter Hochschulabsolventen sogenannte „Fellows", die zwei Jahre in Vollzeit an Schulen in sozialen Brennpunkten arbeiten. Als „zusätzliche Lehrkräfte" fördern sie Schüler „individuell und bringen zusätzliche Angebote an die Schulen. Sie arbeiten im Unterricht, indem sie Teilungs- und Kleingruppen leiten oder durch Einzelförderung unterstützen, und schaffen zusätzliche Nachmittagsangebote, wie zum Beispiel Förderkurse, Hausaufgabenbetreuung, Schülerfirmen und Sport AGs. Sie vereinbaren individuelle Lernziele mit ihren Schülern, deren Erreichen sie mit ihnen verfolgen und dokumentieren".

Die Fellows werden drei Monate vorbereitet und fortlaufend qualifiziert. Die Ausgaben für Anwerbung, Auswahl, Training, Betreuung und Fortbildung tragen „Stiftungen, Privatpersonen und Unternehmen". Aber die Fellows bekommen auch ein Gehalt von rund 1 700 Euro monatlich – bezahlt von den Bundesländern, an deren Schulen sie arbeiten.[34]

Ohne engagierte Vereine und Initiativen würden ganze Bereiche der frühkindlichen Bildung wegbrechen. Sei es, weil dann die Lesepatinnen nicht mehr in die Einrichtungen kämen, oder sei es, weil die von Vereinsgeldern oder Spenden bezahlten Musik-, Sport- oder Yogalehrerinnen nicht mehr zur Verfügung stünden.

Die Allianz für Bildung soll nun diese verschiedenen Institutionen und Initiativen unter dem Dach des Bundesbildungsministeriums vernetzen und sie bei Bedarf fachlich unterstützen – Sportvereine, Stiftungen oder Musikschulen sollen sich zu „lokalen Bildungsbündnissen" zusammenschließen. Ein bisschen Geld gibt es auch, aber wirklich nur ein bisschen: 26 Millionen für die Stiftung Lesen – verteilt auf acht Jahre! „Mit der Gründung der Allianz für Bildung soll das Startsignal für eine breite, bürgerschaftliche Bewegung

---

[34] *Change – Das Magazin der Bertelsmann-Stiftung*, 3/2012, S. 42

gegeben werden", verlautete aus dem Bundesbildungsministerium.

Es ist richtig, wichtig und gut, wenn engagierte Bürgerinnen und Bürger Achmed oder Kevin dabei helfen, die Grundkompetenzen zu erwerben, ohne die man in dieser Gesellschaft nun mal nicht klarkommt. Und sicher spielen Anerkennung, Freundschaft und Dankbarkeit eine wichtige Rolle, ohne die Bildung nicht gelingt. Nicht nur Kevins oder Achmeds Augen leuchten, wenn sich die schulischen Leistungen verbessern; auch die des Mentors oder der Lesepatin. Das Schulkollegium ist dankbar, wahrscheinlich auch die Eltern. Eine rundum gute Situation also? Ganz sicher. Ärgerlich ist nur, mit welcher Selbstverständlichkeit inzwischen davon ausgegangen wird, dass freiwillig Engagierte die jahrelangen Versäumnisse von Schul- und Bildungspolitik ausbügeln. Ohne dass auch nur ansatzweise der politische Wille erkennbar wäre, vom gesellschaftlichen Reichtum, der in Deutschland vorhanden ist, endlich einen spürbar größeren Anteil in die Bildung fließen zu lassen.

Sloterdijk in die OGS!

Mehr Lehrerinnen und Lehrer? Kleinere Klassen? Nicht nötig! Engagierte Lesepatinnen bringen Kevin und Achmed die Kulturtechniken bei, die das überforderte Fachpersonal an den Schulen anscheinend nicht mehr vermitteln kann. Stipendien für Studierende? Aber warum aus öffentlichen Töpfen? Wir selbst müssen dafür sorgen, dass Deutschland auch in Zukunft die Fachkräfte nicht ausgehen. Dafür bekommen wir dann auch Steuernachlässe.

Und wenn's nicht freiwillig geschieht, dann vielleicht mit ein bisschen Zwang? Der Philosoph und Bestsellerautor Richard David Precht wirbt auf seinen Lesungen für ein „soziales Pflichtjahr". Alle Schulabsolventen und Neurentner sollen erst einmal ehrenamtlich der Gesellschaft „etwas zurückgeben", bevor sie eine Berufsausbildung machen oder sich ins passive Rentnerdasein verabschieden. Muss Prechts Philosophie-Kollege und TV-Gast Peter Sloterdijk, für den „Einkommensteuer" nur ein anderes Wort für „Enteignung" ist, darauf gefasst sein, nach seiner Pensionierung als Kantinenhilfe in der Übermittagsbetreuung der Offenen Ganztagsschule zu arbeiten? Einstweilen verbietet das Grundgesetz noch jede Form von Zwangsarbeit.

Aigner & McDonalds – der neue Bildungsmix

Auch der Erste Engagementbericht der Bundesregierung hält fest, dass Schulbildung nicht mehr allein den Schulen überlassen bleiben soll. Im Schulsystem komme es zu „Neustrukturierungen des Verhältnisses von Staat, Markt und Zivilgesellschaft, die mit einem Bedeutungsgewinn zivilgesellschaftlicher Akteure und bürgerschaftlichen Engagements im Bildungs- und speziell auch im Schulsystem verbunden sind." Die Schulen sollen sich zugunsten eines „Bildungsmix" öffnen, zu dem „staatliche wie zivilgesellschaftliche Akteure" in „Koproduktion" beitragen.[35] Das Stichwort „Markt" lässt aufhorchen. Gemeint sind nämlich nicht nur die engagierten Ehrenamtlichen, die schon jetzt das Bildungssystem stützen.

Am 12. März 2013 lud ein *Bündnis für Verbraucherbildung* zu einer Auftakt-Pressekonferenz in eine Berliner Grundschule. Das Bündnis will Lehrer/innen dabei unterstützen, Kinder zu kritischen Verbrauchern zu erziehen. Aber kann es das? Zweifel kommen auf angesichts der Liste der „staatlichen und zivilgesellschaftlichen Akteure", die diesen besonderen „Bildungsmix" anrühren. Da ist Ilse Aigner, die zuständige Bundesministerin, dann der die Aktion tragende *Bundesverband der Verbraucherzentralen*, es folgen Lobbyverbände der Lebensmittelindustrie und die Konzerne *Edeka, Rewe, Metro, Tchibo* und – *McDonalds*. Wen hat man sich denn da ins Boot geholt – wie die in der Politik beliebte Floskel lautet, wenn die Wirtschaft es wieder einmal ge-

---

[35] Erster Engagementbericht, S. 162

schafft hat, sich in öffentliche Aufgaben hineinzudrängen? „Edeka und McDonalds sind Experten für Quengelkassen und Junk Food und damit nicht Teil der Lösung, sondern Kern des Problems", kritisiert die Organisation *Foodwatch* kurz und treffend.

Deutsche Bildungsmisere – Licht am Ende des Tunnels?

Grundschüler holen auf. Die international vergleichenden Studien IGLU und TIMSS bescheinigen deutschen Grundschülern bessere Lese- und Rechenkompetenz, so dass sie im Vergleich mit skandinavischen und asiatischen Kids mithalten können. Insgesamt lagen deutsche Grundschüler im oberen Drittel von 45 Ländern.[36] Laut Bildungsfinanzbericht des Statistischen Bundesamtes sind auch die öffentlichen Bildungsausgaben 2012 auf ein Rekordhoch von mehr als 110 Milliarden Euro gestiegen. Bund, Länder und Gemeinden hätten demnach 2012 rund 4,7 Milliarden mehr für die Bildung veranschlagt als 2011. Nach vielen dunklen PISA-Jahren endlich ein Silberstreif am Horizont?

Vielleicht sogar dank den Lesepatinnen und Lesepaten? Lesekompetenz zu erwerben, ist ein komplizierter Prozess, in dem vieles zusammenspielt: unter anderem frühkindliche Prägungen im Elternhaus, die intensive Beschäftigung mit elektronischen Medien schon im Kindesalter, die didaktische Kompetenz der Lehrpersonen, der Einfluss von Peer Groups, von denen zum Beispiel das männliche Kind lernt, dass Lesen und einen Text verstehen für einen Jungen ziemlich uncool ist.

Noch so hoch motivierten pädagogischen Laien die Verantwortung zu übertragen, „Kevin" und „Achmed" die gesellschaftlichen Grundtechniken beizubringen, ist bestenfalls naiv. Zumindest solange nicht gleichzeitig die didaktische Kompetenz der Pädagoginnen und Pädagogen auf allen Ebe-

---

[36] *Kölner Stadt-Anzeiger*, 12. 12. 2012

nen, beginnend mit der frühkindlichen Bildung, erhöht wird und die Klassenfrequenzen vermindert werden, so dass individuelle Förderung auch innerhalb von Kita und Schule möglich ist. „Immer mehr setzt sich die Erkenntnis durch, dass guter Wille und finanzielles Investment allein nicht ausreichen, um die Qualitätsanforderungen an Leseförderungsprojekte zu erfüllen. Lesefreude und Lesekompetenz müssen in der elektronischen Medienkultur auf professionelle Weise vermittelt werden, um nachhaltig alle wichtigen Zielgruppen zu erreichen", sagte der wissenschaftliche Direktor der Stiftung Lesen, Professor Stefan Aufenanger, beim *3. Round Table Leseförderung* 2007. Wissenschaftlich fundierte Nachweise, ob Lesepatenschaften bzw. Lesementoring tatsächlich zu Kompetenzerweiterung von Kindern und Jugendlichen führen, liegen anscheinend nicht vor.

Bildungsforscher sehen bei der Leseförderung durchaus Rollen für Instanzen außerhalb der Schule, beginnend mit der spielerischen Beschäftigung mit Sprache und Buchstaben in der Kita, über die Zusammenarbeit mit den Familien der Kinder, mit Theatern, Bibliotheken und Unternehmen. Ehrenamtliche Lesementorinnen werden auch genannt; ihre Rolle ist aber eher bescheiden einzustufen.[37]

Zur gleichen Zeit, als die Medien die guten Nachrichten zu TIMSS, IGLU und dem Bildungsfinanzbericht veröffentlichten, bescheinigte die OECD Deutschland, noch immer viel zu wenig Geld für die Bildung auszugeben. Unter vergleichbaren Industrienationen wird hierzulande geknausert. Lediglich 5,3 Prozent des Bruttoinlandprodukts flossen 2009 in die Bildung, eine Steigerung von 0,3 Prozent gegenüber 2005. Deutschland liegt damit unter dem OECD-Durchschnitt von 6,2 Prozent. Wesentlich mehr Geld für Bildung investieren die Schweiz, skandinavische Länder oder Korea.[38]

---

[37] www.bmbf.de/pub/bildungsreform_band_siebzehn.pdf [aufgerufen 9. 3. 2013]

[38] *OECD-Indikatoren: Bildung auf einen Blick 2012*, Paris, 2012

Und die kleinen, gemessenen Fortschritte sind auch schon wieder in Gefahr. Kommunale Gremien sparen ihre Kultur- und Bildungshaushalte weiter kaputt. Zum Beispiel Köln: Ende 2012 sickerten Informationen durch, wonach die Stadt 2013 und 2014 bei der Schulsozialarbeit und den Zuschüssen zur Ganztagsbetreuung einsparen will. Grundschulleiter warnten davor, das Netz der sogenannten „Sozialraumkoordinatoren" auszudünnen. Deren Aufgabe ist es, die Schulen im Stadtteil mit den Trägern von Jugend- und Sozialarbeit zu vernetzen und so die Jugendlichen ins soziale Hilfenetz des Stadtteils einzubinden. Solche Vernetzung kann man Ehrenamtlichen nicht übertragen, „dafür braucht man hauptamtliche und professionelle Begleitung", zitiert die Lokalzeitung einen Schulleiter aus einem sogenannten „Problembezirk".

Klamme Kommunen – Freiwillige vor

Die Tür des Besprechungszimmers gleich neben dem Rathauseingang steht weit offen. Drinnen fährt Hans-Willi Rudloff den Laptop hoch und wartet auf Kundschaft. Der 63-jährige mit dem gepflegten Bart und dem freundlichen Umgangston ist „Standort-Lotse" in der Gemeinde Engelskirchen; so heißen im Oberbergischen Kreis östlich von Köln die Mitarbeiter von „Freiwilligen-Börsen", die hier, wie in vielen Städten und Gemeinden, Angebot und Nachfrage nach ehrenamtlicher Tätigkeit koordinieren. Aber nur ein-, zweimal im Monat erscheint jemand auf der Suche nach einem Engagement. Was nicht heißt, dass die Standort-Lotsen sonst nichts zu tun hätten. Zum Beispiel werben sie in den Schulen für das neue Projekt eines „Sozialführerscheins", bei dem Schüler/innen an die Arbeit mit alten Menschen herangeführt werden sollen. So hofft man, den dringend benötigten Nachwuchs für die sozialen Berufe zu gewinnen.

Anne, die heutige Besucherin beim Standort-Lotsen, hat einmal Bankkauffrau gelernt und sucht nach Jahren in der Familie eine Beschäftigung. Rudloff versucht, herausfinden, was ihr gefallen könnte. Mitarbeit im Tierheim? Eher nicht.

Auch den „Bürgerbus" zu steuern, der in der Gemeinde mit den vielen Dörfern den öffentlichen Personennahverkehr ehrenamtlich ergänzt, weckt bei Anne keine Begeisterung. Eigentlich sucht sie eine Erwerbsarbeit. Vergeblich hat sie sich bei Altenheimen der Gegend um 450-Euro-Jobs beworben. Rudloff erwähnt „die Konkurrenz", den Bundesfreiwilligendienst. Aktuell sucht eine Rehaklinik im Ort „Bufdis", die den Fachkräften auf den Stationen, in der Küche und im Garten zur Hand gehen. Anne verlässt schließlich den Raum mit der Telefonnummer der „Grünen Damen", die im Engelskirchener Krankenhaus Patienten betreuen.

Als Standort-Lotse hat Rudloff sich vertraglich im Rahmen der Freiwilligendienste aller Generationen verpflichtet, mindestens acht Stunden in der Woche das Engagement vor Ort zu managen. Dafür erhielt er eine Fortbildung, unter anderem in Gesprächsführung, bekommt Fahrkosten und Büromaterialien ersetzt, ist unfall- und haftpflichtversichert, erhält aber, anders als die „Bufdis", kein Taschengeld.

Der ehemals leitende Bundeswehrbeamte ist das Musterbild eines Ehrenamtlichen, der sich an mehreren Stellen einbringt. Im Frühjahr hat er die Eingangshalle des Panoramabads gestrichen. Die idyllisch hoch über dem Aggertal gelegene Schwimmstätte sollte bereits 1999 geschlossen werden, aus Kostengründen. „Da sind wir schwer auf die Barrikaden gegangen", erzählt Barbara Frank, Gemeinderätin und Vorsitzende des Fördervereins Freibad Engelskirchen. Seitdem übernehmen Ehrenamtliche wie Rudloff und Frank einen Teil der Arbeit, verkaufen Eintrittskarten, helfen bei der Grünpflege, streichen die Umkleideräume und säubern die Spinde.

Im teils ländlich, teils mittelständisch-industriell geprägten Oberbergischen ist die Ressource bürgerschaftliches Engagement weitgehend ausgeschöpft. Laut Engagementatlas 2009 des *Generali Zukunftsfonds* sind über die Hälfte der Erwachsenen im Landkreis in irgendeiner Weise bürgerschaftlich eingespannt – weit mehr als im bundesdeutschen

Durchschnitt von 36 Prozent. Schon immer taten sich die Menschen hier gern in Sport- und Bürgervereinen, in Chören und Karnevalsgesellschaften zusammen. Viele nichterwerbstätige Frauen engagieren sich nach der Kinderphase als Lesepatinnen oder bei der örtlichen Tafel. Aber es dürften noch mehr sein, findet Birgit Steuer, zuständige Referentin in der Kreisverwaltung, denn die Bevölkerung altert, es droht der Pflegenotstand und ein Ende der Finanzmisere der Kommunen ist nicht in Sicht.[39]

Kommunale Koproduktion

Unter dem Titel *Schrumpfende Stadt, schrumpfende Infrastruktur* fand im März 2003 in Düsseldorf eine Fachkonferenz des nordrhein-westfälischen Städtebauministeriums statt, auf der der zuständige Minister Michael Vesper (Bündnis 90/Die Grünen) unisono mit einer Vertreterin der Bertelsmann-Stiftung forderte, Bürgerinnen und Bürger sollten, gemeinsam mit engagierten Unternehmen die bereits damals überschuldeten Kommunen entlasten, indem sie einen Teil der öffentlichen Dienstleistungen selber übernähmen. Genannt wurden Hallenbäder, Bibliotheken, Museen, aber auch – man staune – Altenheime. „Die Kommunen müssen sich als Gemeinwohl-Unternehmer verstehen", soll Vesper damals laut einem Zeitungsbericht gesagt haben.

Soll wohl heißen: Ihre primäre Aufgabe ist nicht mehr, Infrastruktur und Dienstleistungen bereitzustellen, sondern das Engagement anderer zu organisieren und zu koordinieren. Ein zeitweilig aus über 100 Kommunen bestehendes *Städtenetzwerk NRW* war angetreten, Kommunen dabei zu helfen, die Ressource bürgerschaftliches Engagement zu nutzen. 2011 musste das Netzwerk Insolvenz anmelden. Die Bertelsmann-Stiftung aber blieb am Ball und veranstaltet regelmäßig kommunalpolitische Kongresse. Wobei inhaltlich eine Akzentverschiebung stattgefunden hat: Weg von der frisch-

---

[39] Basiert zum Teil auf meinem Beitrag „Arbeiten für lau", *taz*, 4. 7. 2012

fröhlichen Aufforderung „Mach doch selber!'", mit der die *Initiative Neue Soziale Marktwirtschaft* (INSM) noch 2007 Bürgerinnen und Bürger aufforderte, Dienste, an die sie sich gewöhnt hatten, bitteschön selber zu übernehmen.

Heute hebt man lieber auf die demokratiepolitischen Aspekte des Engagements ab. „Unsere Gesellschaft braucht Menschen, die Verantwortung übernehmen, frühzeitig auf gesellschaftspolitische Herausforderungen hinweisen und die Demokratie auf allen Ebenen mitgestalten", heißt es im Programm des Kommunalkongresses 2013 der Bertelsmann-Stiftung. Aus der „selbsttätigen Gesellschaft" der Jahrtausendwende ist die „Mitmachgesellschaft" geworden. Zumindest auf dem Papier.

Die Goodwill-Industrie

Neue Dienstleister

Kommunikationsagenturen und Projektbüros, Freiwilligenbörsen und Initiativen, Organisationsberatungen und Weiterbildungseinrichtungen, Koordinierungsstellen und Stiftungen, Internetportale und Universitäten, Forschungseinrichtungen und Netzwerke, Fundraising-Agenturen und Verbände, und, last not least, Landes- und Bundesministerien, Stadt- und Kreisverwaltungen – rund ums „bürgerschaftliche Engagement" hat sich eine Dienstleistungsindustrie großer und kleiner „Player" entwickelt. Ein Kranz unterschiedlichster Institutionen und Anbieter ist damit beschäftigt, die Philosophie des Helfens zu fördern, Freiwilligkeit und „Bürgersinn" zu fordern, „Zivilgesellschaft" und Spendenfreude anzuregen, zu vermitteln, zu begleiten, zu beforschen, zu propagieren und zu subventionieren. Ein ganzer Wirtschaftszweig ist damit beschäftigt, den Engagementwillen der Bürgerinnen und Bürger zu wecken und ihn in entsprechende Freiwilligentätigkeit zu überführen. Engagement wird nicht mehr dem Zufall überlassen, es bedarf des systematischen Managements, sein Einsatz muss planbarer als bisher gestaltet werden und berechenbar sein. Ressourcenmanagement, Koordinierung, Steuerung, Effizienz – diesen betriebswirtschaftlichen Kriterien ist zunehmend auch die Freiwilligenarbeit unterworfen.

„Bürgerschaftliches Engagement" ist so für viele Menschen zur hauptamtlichen Tätigkeit geworden und dient als Erwerbsquelle, zum Teil mit prekären Beschäftigungsverhältnissen, denn nicht alle in der Goodwill-Industrie Beschäftigten verfügen über eigene Geldtöpfe. Viele der dort Erwerbstätigen sind von externen Geldern abhängig, seien es staatliche oder kommunale Fördermittel, Sponsorengelder aus der Wirtschaft oder Zuwendungen von Stiftungen, die immer wieder neu beantragt werden müssen.

Freiwilligen-Agenturen – Jobbörsen fürs Ehrenamt

Die Clemensstrasse in der Kölner Innenstadt ist von schlichten Nachkriegsbauten geprägt. In einem der unauffälligen Häuser sitzt die *Kölner Freiwilligen Agentur*. Ein kleines Empfangsbüro an der Strasse steht mehrmals in der Woche Menschen offen, die eine ehrenamtliche Betätigung suchen. Aber man kann auch über die Webseite oder telefonisch Kontakt aufnehmen. Im Stockwerk darüber liegen Büroräume. Elf Mitarbeiter, überwiegend Frauen mit unterschiedlichen Teilzeitverträgen, vermitteln hier zwischen Angebot an und Nachfrage nach ehrenamtlicher Beschäftigung, managen Projekte oder rechnen Gelder ab.

Ulla Eberhard, die Geschäftsführerin, ist die einzige Vollzeitangestellte. Sie ist ausgebildete Lehrerin, arbeitete später für einen Träger von Auslandsjugenddiensten und gründete mit anderen zusammen 1997 die Kölner Freiwilligen Agentur. Warum? Bei Kaffee und Keksen skizziert sie in ihrem Büro die gesellschaftlichen Veränderungen in den Achtziger- und Neunzigerjahren: Individualisierungstendenzen nahmen zu, die Bindungskräfte traditioneller Gesellungsformen, wie Kirchengemeinden, Wohlfahrtsverbände, aber auch Sportvereine, nahmen ab. Entsprechend weniger Menschen waren bereit, sich jahrelang oder gar jahrzehntelang in Vereinsvorständen oder als ehrenamtliche Helferinnen in kirchlich oder weltanschaulich definierten Verbänden zu betätigen. Vor allem jüngere Menschen ziehen es inzwischen vor, sich jeweils nur für kurze Zeit, projektbezogen einzulassen. Solches „Neue Ehrenamt" aber braucht vermittelnde Instanzen. Als solche fungierten früher bereits Seniorenbüros oder Selbsthilfe-Kontaktstellen. Mit der Gründung der „Freiwilligenagenturen" bzw. „Freiwilligenbörsen" oder „Freiwilligenzentren", wie sie auch heißen, in den Neunzigerjahren ist die Vermittlung der neuen Ehrenamtlichen systematisiert worden. Inzwischen gibt es sie in allen Großstädten und in vielen Landkreisen, rund 400 insgesamt, zumeist finanziell und/oder organisatorisch von Kommunen oder Kreisverwaltungen unterstützt. Aber auch die Wohlfahrtsverbände unterhalten „Büros für Bürgerengagement". Der Verein *Patenschaften-Aktiv e. V.* mit Sitz in München betreibt ein bundesweites Internetportal zur Vermittlung von Ehrenamtlichen.[40] Die Freiwilligenagenturen selbst haben sich auf Bundes- und auf Länderebene zusammengeschlossen.

Der Etat der Kölner Freiwilligen Agentur, eine knappe halbe Million Euro im Jahr, wird zu einem Viertel aus dem Haushalt der Stadt gedeckt. Das restliche Geld stammt aus Landes- und Bundeszuschüssen, aus EU-Mitteln, von Stiftungen, Bußgeld-Überweisungen, Mitgliedsbeiträgen und Spenden der 42 Mitglieder des Trägervereins. Für einige Dienste der Agentur, zum Beispiel die Fortbildung von Hauptamtlichen, die Ehrenamtler managen, werden Honorare eingenommen.

Zuviel der Ehre

Die Freiwilligen-Agentur ist nicht die einzige derartige Rekrutierungsstelle in Köln. In der viertgrößten Stadt Deutschlands betreiben fünf weitere Träger entsprechende Anlaufstellen, darunter Diakonie, Caritas und Arbeiterwohlfahrt. Alle zusammen sind im *Kölner Arbeitskreis Bürgerschaftliches Engagement* vernetzt. Begleitet werden sie von einer städtischen Koordinierungsstelle im Büro des Oberbürgermeisters.

Sehr viel Aufwand, um die eher spärliche Nachfrage nach ehrenamtlicher Betätigung zu befriedigen. Bei der Kölner Freiwilligen Agentur gingen 2011 knapp 2 000 Anfragen von Engagementwilligen ein. Erfolgreich vermittelt wurde übers Jahr in 786 Fällen; bei mehr als der Hälfte, 460 Personen, handelt es sich aber nicht um Einzelvermittlungen, sondern

---

[40] www.ehrenamtsportal.de

um Mitarbeiter von Firmen, die sich mit eintägigen Projekten am „Kölner Freiwilligentag" beteiligten, indem sie zum Beispiel einen Spielplatz renovierten oder einen Schiffsausflug für Senioren organisierten.

Das Angebot an Gratisarbeitsstellen ist wesentlich größer als die Nachfrage. Tag für Tag suchen Initiativen, Vereine, Seniorenheime, Schulen, Kindertagesstätten, Büchereien, Krankenhäuser, Stiftungen sowie Theater und Tierheime Helferinnen für lau. Auf rund 500 solcher Angebote stößt, wer an einem x-beliebigen Tag im Internet die „Engagementdatenbank" der Kölner Freiwilligen Agentur aufruft:

Das Café im sozialen Brennpunkt „Vingster Treff" hätte gern eine ehrenamtliche Thekenkraft; eine Initiative sucht Unterstützung für Angehörige von Pflegebedürftigen; ein Projekt benötigt Hilfe bei der Erstellung einer Webseite; ein Krankenhaus wirbt um Grüne Damen (Besuchsdienst); eine Schule sucht pädagogisch Interessierte für die Übermittagsbetreuung; eine Bibliothek eine ehrenamtliche Archivarin und die „Tier-Tafel" Freiwillige, die betagten Katzen- und Hundebesitzern gespendete Tiernahrung nach Hause bringen.

Einige Angebote betreffen geradezu klassische Ehrenämter, wie die „Wegepatenschaft", um Wanderwege zu pflegen und Markierungen zu erneuern. Aber es werden auch Tätigkeiten angeboten, die eigentlich Erwerbsarbeitsplätze sind: Ein Theater sucht jemand für Vorverkauf und Abendkasse, eine Stiftung eine Teilzeit-Bürokraft, die Kölner Bahnhofsmission eine Betreuungsperson für die „Kinderlounge". Verständlich, dass sich kleine, gemeinnützige Projekte oder die chronisch unterfinanzierte freie Theaterszene auf ehrenamtliche Arbeit stützen. Ärgerlich, wenn öffentliche Einrichtungen, Schulen, Bibliotheken und Kirchen sich auf diese Weise mit billigen bzw. kostenlosen Arbeitskräften zu versorgen trachten: Eine Senioreneinrichtung, die einen Hausmeister für lau einschließlich Anstreicharbeiten sucht; die vielen Kitas und Schulen, die auf dem Gratis-Arbeitsmarkt ihren knapp bemessenen Personalschlüssel für die Übermittagsbe-

treuung aufzubessern hoffen; eine evangelische Kirchenge-
meinde, die Idealisten für Gartenpflege und Büroarbeit sucht.

Alle Organisationen und Einrichtungen, die über die
Agentur Freiwillige suchen, sind Ulla Eberhardt und ihren
Mitstreiterinnen bekannt, besteht doch ein wesentlicher Teil
ihrer Aufgaben darin, die Einrichtungen bzw. Anbieter zu
besuchen und zu schauen: Was brauchen sie, wie sind sie auf
die Beschäftigung von Ehrenamtlichen eingestellt, was bieten sie diesen? Dieses „Scouting" machen oft ehrenamtliche
Mitarbeiter der Agentur.

Motivation wecken, Bedarf generieren

Es geht nicht nur um die Vermittlung des bestehenden Ange-
bots mit der Nachfrage nach bürgerschaftlicher Betätigung.
Man muss auch die Motivation zum Dienst am anderen
wecken. Je früher, desto besser. Im Oberbergischen Kreis
östlich von Köln ist ein Projekt „Sozialführerschein" für
Schüler angelaufen, die in außerschulischen Kursen in die
Arbeit mit Senioren eingeführt werden sollen. So hofft man
auf mehr Bewerber für die Jugendfreiwilligendienste und
langfristig auf Nachwuchs für soziale Berufe. Bundesweit
beteiligen sich bereits mehr als 100 Schulen am *Netzwerk
Service-Learning – Lernen durch Engagemen*t. Auch die
Universitäten haben das Fach „Service Learning" entdeckt.

Die Kölner Freiwilligen Agentur versucht ebenfalls, neue
Betätigungsfelder für die Goodwill-Industrie aufzutun. Gemeinsam mit dem örtlichen Arbeiter-Samariterbund betreibt
sie das Projekt „Duo". Es soll durch regelmäßige Besuchsdienste die Angehörigen von Demenzkranken entlasten. Zusammen mit der Stadt und der örtlichen Industrie- und Han-
delskammer wurde der Verein „Kulturpaten" aus der Taufe
gehoben, über den zum Beispiel die freie Theaterszene kostenlos Hilfe bei rechtlichen Fragen, Webauftritten oder logis-
tischen Problemen in Anspruch nehmen kann.

Das Projekt „Zeit für Neues" setzt auf das Engagement
von Unternehmen. Sie sollen ältere Mitarbeiter rechtzeitig

vor der Rente auf die Möglichkeit hinweisen, sich ehrenamtlich zu betätigen – durch einschlägige Informationsveranstaltungen im Betrieb, durch Besuche in sozialen Einrichtungen und individuelle Beratung.

Lernen, zu Diensten zu sein – Consulting, Organisationsberatung, Weiterbildung

Bei der örtlichen Tafel gespendete Lebensmittel zu einem „Elisabethkorb" zusammenzustellen, mag noch eine relativ einfache Tätigkeit sein. Verantwortungsvoll einen Verein zu leiten oder in der Telefonseelsorge sich nächtens Verzweifelten zu widmen, braucht dagegen schon einiges an Kompetenz. Ehrenamt und bürgerschaftliches Engagement sind längst aus dem Stadium heraus, wo es ausreichte, den Entschluss zu fassen, etwas für andere zu tun, um gleich loszulegen. Institutionen, die den Markt nach freiwilligen Helfern abgrasen, bieten als Lockmittel fast immer irgendeine Form von kostenloser Weiterbildung. Und sei es nur der regelmäßige Austausch mit Fachkräften.

Die Fort- und Weiterbildungsindustrie hat diesen Markt entdeckt und bietet entsprechende Seminare an. Kaum eine Volkshochschule oder politische Stiftung, die nicht die Ausbildung von Ehrenamtlichen und Freiwilligen auf dem Programm hätte. Oder Angebote des „Freiwilligen-Managements", also Schulungen für Hauptamtliche, zum Beispiel der Wohlfahrtsverbände, die Ehrenamtliche in ihre Abläufe integrieren möchten. Ein Kranz einschlägiger Dienstleister hat sich etabliert, private Coaching-Agenturen und Projektentwickler mischen ebenso mit wie Industrie- und Handelskammern.

Dieter Schöffmann, geschäftsführender Gesellschafter der *Vis-a-vis-Agentur für Kommunikation*, studierte Mathematik und Sozialwissenschaften und ist seit zwanzig Jahren in der engagementpolitischen Szene unterwegs. Schöffmann ist exzellent vernetzt. Er sitzt im Vorstand der Kölner Grünen, im Trägerverein der Freiwilligenagentur und als „sachkundiger

Einwohner" im Wirtschaftsausschuss des Kölner Stadtrats.

Ein Stück aus dem Weiterbildungskuchen fällt immer ab, so wenn Schöffmann und Ulla Eberhardt, die Geschäftsführerin der Freiwilligenagentur, als Referenten gemeinsam eine mehrtägige Fortbildung der Akademie des *Deutschen Paritätischen Wohlfahrtsverbands* zum Thema „Erfolgreich mit Freiwilligen arbeiten. Qualifizierung zum/zur Freiwilligen-Koordinator/in in gemeinnützigen Einrichtungen" bestreiten.

Die Systematisierung und Verstetigung des bürgerschaftlichen Engagements durch die Freiwilligendienste hat der Weiterbildungsbranche eine neue Klientel beschert, denn Dienste wie das Freiwillige Soziale Jahr, die Freiwilligendienste aller Generationen oder der Bundesfreiwilligendienst (BFD) beinhalten einen Anspruch auf Fortbildungen unterschiedlicher Dauer, die von den Trägerinstitutionen, im Fall des BFD vom Bund, bezahlt werden. Für den BFD finden die Fortbildungen meist in ehemaligen Zivildienstschulen statt. Das bedeutet Konkurrenz für die anderen Anbieter, unter anderem deshalb hatten Länder und Wohlfahrtsverbände im Vorfeld versucht, den BFD als Nachfolger des Zivildienstes nicht in der Zuständigkeit des Bundes zu belassen.

Am Fiskus vorbei – Stiftungen

„Ob für Kultur oder Soziales, ob für Wissenschaft oder Bildung, ob für jung oder alt – immer mehr Bürger wollen Gutes tun und bringen ihr Vermögen in eine Stiftung ein", heißt es in einer Zeitungsbeilage zum „3. Kölner Stiftungstag" im Oktober 2012. Und das sei auch dringend notwendig, denn „in dem Maße, in dem sich die öffentliche Hand vor dem Hintergrund leerer Kassen aus der Finanzierung dieser Bereiche zurückzieht, nimmt der Bedarf an privatem Engagement zu".

Mit Ursache und Wirkung verhält es sich freilich genau umgekehrt, wie der nächste Absatz des PR-Blättchens verrät. Da ist die Rede vom „Wunsch vieler Bürger, mitzubestimmen, wo und wie ihr Vermögen wirken soll". Dankenswerterweise trage die öffentliche Hand „die neue Blüte bürgerschaftlichen Engagements mit, beispielsweise durch Gesetzesnovellen, die das Stiften erleichtern". In der Tat. Seit 1998 wurde das Stiftungsrecht immer wieder „reformiert", 2000 wurden steuerliche Absetzungsmöglichkeiten für Stifter ausgeweitet, es folgte eine Reform der zivilrechtlichen Rahmenbedingungen und 2007 die Reform des Gemeinnützigkeitsgesetzes. Mit anderen Worten, die öffentliche Hand verzichtet auf erhebliche Steuereinnahmen, wird arm und ärmer, damit die Vermögenden nach eigenem Gusto entscheiden können, wie sie ihre Millionen und Milliarden einsetzen – ohne demokratische Kontrolle. Entsprechend boomt das Stiftungswesen. Zwischen 1999 und 2009 hat sich die Zahl der Neugründungen rechtsfähiger Stiftungen mehr als verdoppelt. Laut dem *Bundesverband Deutscher Stiftungen* gab es 2010 allein 18 162 Stiftungen bürgerlichen Rechts. Zählt man Stiftungen anderer Rechtsformen, nichtrechtsfähige Stiftungen und Kirchenstiftungen hinzu, kommt man auf eine Zahl von rund 125 000.[41]

Sehr viele Stiftungen widmen sich in irgendeiner Weise dem Thema bürgerschaftliches Engagement. Für die großen Privatstiftungen wie *Bosch, Bertelsmann, Körber, Quandt* und Co. und die Stiftungen der politischen Parteien ist es ein Thema neben anderen. Bei anderen aber ist bürgerschaftliches Engagement und zivilgesellschaftliche Motivation der Hauptstiftungszweck. Einige, wie die *Stiftung Bürgermut* des Weinhändlers und langjährigen CDU-Politikers Elmar Pieroth, nutzen intensiv neue Medien, kreieren OnlineWerkzeuge und interaktive Plattformen, veranstalten „Barcamps" (offene Tagungen, deren Inhalte und Abläufe von den Teilnehmer/innen selbst festgelegt werden) und sprechen so vor allem junge Leute an, die dort lernen, ihre Projekte zu vernetzen. Andere, zum Beispiel die *Stiftung Bürger für Bürger*, laut Selbstaussage „das unabhängige Kompetenzzentrum zum Thema bürgerschaftliches Engagement", glei

---

[41] Erster Engagementbericht, S. 117

chen eher Honoratiorenvereinigungen traditioneller Art. Diese Stiftung wurde 1997 von einer Reihe Prominenter gegründet, darunter dem damaligen Präsidenten des Deutschen Fußballbundes, Egidius Braun, dem ZDF-Moderator und Bestsellerautor christlicher Erbauungstraktate Peter Hahne, seinem Moderator- und Bestsellerkollegen Ulrich Wickert und der Vizepräsidentin des *Malteser Hilfsdienstes*, Elisabeth Freifrau Spies von Büllesheim. Den wesentlichen Teil des Stiftungsvermögens stellte der *Deutsche Sparkassen- und Giroverband e. V.*, wie die Webseite dankbar vermerkt. Man trifft sich jährlich zum „Forum Bürgergesellschaft", laut Internet „eine exklusive Veranstaltungsreihe, in der ausgewählte Expertinnen und Experten aus der Zivilgesellschaft, der Wissenschaft und der Politik in einem nicht-öffentlichen Rahmen oft streitbare aber für die Weiterentwicklung der Bürgergesellschaft besonders relevante Themen und Fragestellungen aufgreifen".

Nicht nur die Veranstaltungsreihe ist „exklusiv", sondern auch das Ambiente im Schlosshotel Diedersdorf bei Berlin, Zimmerpreise ab 198 Euro aufwärts. 2013 widmet man sich dort den „Kiezkümmerern, Motoren der Bürgergesellschaft". „In urbanen Räumen organisieren Kiezkümmerer das Nachbarschaftsleben. In ländlich geprägten Regionen achten Dorfkümmerer auf den gesellschaftlichen Zusammenhalt . . .". Und im Schlosshotel die betuchten Gutmenschen.[42]

Untereinander heftig verbandelt – Netzwerke

Außer den Stiftungen gibt es Tausende weitere Organisationen, die von und für das Ehrenamt leben, die größeren haben sich auf Bundes- und/oder Landesebene zusammengeschlossen: Freiwilligen-Agenturen, Tafeln, Leselernhelfer.

Wohlfahrtsorganisationen und kommunalpolitische Verbände, die neben anderen Aufgaben auch in der Engagementpolitik mitmischen, sind ebenfalls auf Bundes- und

---

[42] Zitate: www.buerger-fuer-buerger.de

Landesebene organisiert. Beziehungen und Vernetzungen laufen zwischen allen kreuz und quer. Das Gespinst der Engagementpolitik wächst proportional zur Größe der Löcher im Netz der sozialen Sicherung.

Die Vernetzungsarbeit selbst wird von einem relativ überschaubaren Personenkreis getragen, darunter viele Wissenschaftler, Professoren, ausgediente Politiker, Chefs von Verbänden aus Wohlfahrt, Sport und Kultur. Ruft man im Internet einschlägige Organisationen auf, stößt man auf die Namen der immer gleichen Verdächtigen. Zum Beispiel Thomas Olk. Der Professor für Sozialpädagogik und Sozialpolitik an der Universität Halle-Wittenberg ist seit vielen Jahren eine anerkannte Kapazität auf dem Gebiet des Bürgerengagements. Von 1999 bis 2002 gehörte er der Enquete-Kommission Zukunft des Bürgerschaftlichen Engagements des Bundestages an. Zurzeit ist er Vorsitzender des Sprecherrats des *Bundesnetzwerks Bürgerschaftliches Engagement* und sitzt im Kuratorium der Stiftung Bürger für Bürger. Man trifft ihn aber auch im Beirat des *Bundesverbands Wohnen und Stadtentwicklung* (VHW), in dem rund 100 Gebietskörperschaften, Verbände, Unternehmen und Kreditinstitute das „Leitbild Bürgergesellschaft" entwickeln. Im Kuratorium des VHW sitzen Michael Bürsch, der als Bundestagsabgeordneter die Enquete-Kommission leitete, und Sebastian Braun, Professor für Sportsoziologie an der Berliner Humboldt-Universität und Leiter des dortigen *Forschungszentrums für Bürgerschaftliches Engagement*. Braun ist, außer beim VHW, in 17 weiteren Gremien aktiv, vom *Deutschen Olympischen Sportbund* bis zur *Bayer Cares Foundation*.

Bundesnetzwerk Bürgerschaftliches Engagement

Ein heller Büroblock mit viel Glas unweit des Spreeufers, eine der zahlreichen umgebauten Fabriketagen in Berlin-Mitte. Gegenüber eine große graue Industrieanlage, aus deren Schornsteinen es dampft – das Heizkraftwerk Mitte der Firma Vattenfall, in deren Hände Berlin seine Strom- und Was-

72

serversorgung vertrauensvoll gelegt hat. Im Büroblock residiert der *Deutsche Verein für öffentliche und private Fürsorge*. Er ist einer der ganz alten Verbände auf dem Gebiet des Sozialen, 1880 gegründet, unter anderen von Alice Salomon, einer Pionierin der professionellen Sozialarbeit. In seinen Räumen beherbergt der Verein einen jungen Untermieter aus der boomenden Neuzeit des Helferwesens, das *Bundesnetzwerk Bürgerschaftliches Engagement* (BBE).

Nach dem Abschluss der Bundestags-Enquetekommission 2002 wollte die damalige Bundesregierung mit dem BBE eine Art zentrale Koordinierungsstelle für das vielfältig wuselige Aktionsfeld „Engagement" schaffen. Heute umfasst das BBE rund 150 Organisationen und Verbände. Alle, alle sind dabei: Kirchen und Gewerkschaften, Dachverbände aus den Bereichen Soziales, Jugend, Frauen, Katastrophenschutz und Rettungsdienste, Seniorenbüros und Selbsthilfe-Kontaktstellen, die Dachverbände von Stiftungen, Freiwilligen-Agenturen, mittlere und große Unternehmen, die sich der „Corporate Social Responsibility" verpflichtet fühlen, und last not least der Staat in Gestalt der Bundesregierung, der Länder und verschiedener kommunalpolitischer Verbände. „Trisektoralität" heißt das im Jargon des BBE, will sagen Zivilgesellschaft, Staat und Wirtschaft verstehen sich im Rahmen des BBE als gleichberechtigte „Akteure" auf Augenhöhe. Soweit zumindest die Theorie.

Alle sind dabei, aber einige sind auch schon wieder weg. So verließ 2010 der Deutsche Paritätische Wohlfahrtsverband das BBE, es folgten der Bundesverband der Arbeiterwohlfahrt und der Städte- und Gemeindebund. Sie stießen sich daran, dass das BBE ein „institutionelles Eigenleben" entwickelt habe und konstatierten einen „Drang zum operativen Geschäft" des Netzwerks. Die Verbände, die ja auch große Lobbyorganisationen sind, fühlten sich ein Stück weit entmachtet. Man ist bereit, sich zum Wohl des großen Ganzen zu vernetzen, möchte sich aber keine organisatorische Konkurrenz heranzüchten.

Die Bundesregierung spinnt die Fäden

Schlimmer noch, das Bundesministerium für Familie, Senioren, Frauen und Jugend (BMFSFJ), das die BBE-Geschäftsstelle finanziert, hat die Mittel gekürzt. Im Ministerium der Frau Schröder gilt die Geschäftsstelle als zu SPD-lastig. 25 Angestellte hangeln sich dort seither bei gekürzten Gehältern von einem befristeten Arbeitsvertrag zum nächsten.

2009 legte sich das Ministerium ein weiteres Gremium zu: das *Nationale Forum für Engagement und Partizipation*, dessen Aufgabe es ist, Konzepte für die Engagementpolitik der Bundesregierung zu erarbeiten. Das Forum lädt regelmäßig Experten zu Themen wie „Haupt- und Ehrenamt in der Pflege" oder „Engagementlernen in der Schule" ein. Die Koordinierungsstelle des Forums residiert Tür an Tür mit dem BBE unter dem Dach des Deutschen Vereins.

Auch sonst ist man im BBE-Büro von der Bundesregierung enttäuscht. Der Erste Engagementbericht, 2012 vorgelegt, wurde ohne das BBE konzipiert und im Wesentlichen vom abeitgebernahen Institut der deutschen Wirtschaft erarbeitet. Im Koalitionsvertrag versprochene Vorhaben zur Förderung bürgerschaftlichen Engagements durch neue rechtliche Rahmenbedingungen seien nicht umgesetzt worden, klagt BBE-Geschäftsführer Dr. Ansgar Klein, so zum Beispiel ein geplantes „Gemeinnützigkeitsentbürokratisierungsgesetz". Zumindest ein Bundestagsdrucksachen-Wortmonster ist uns also erspart geblieben.

BBE-Geschäftsführer Ansgar Klein, ein lebhafter Mensch, aus dessen Mund die Wortkaskaden nur so heraussprudeln, meint dennoch optimistisch: „Das BBE bleibt Kompetenzplattform mit diskursstarken Diskussionsangeboten zu den Strukturen und Rahmenbedingungen der Zivilgesellschaft." Man biete trotz Mittelkürzungen „eine Mindestperformance" und bleibe „ein Kompetenzverweissystem". Zum Beweis türmt der Geschäftsführer Broschüre um Broschüre auf den Tisch: Dokumentationen von Fachtagungen,

Stapel des *Jahrbuchs Engagementpolitik*, Rückblicke auf die „Woche des bürgerschaftlichen Engagements". Immer wieder betont Klein das „demokratische Potenzial des bürgerschaftlichen Engagements". Als junger Wissenschaftler stand er den Protestbewegungen der Siebziger- und Achtzigerjahre nahe: Anti-AKW-Bewegung, Frauenbewegung, Friedensbewegung. 1988 gründete er mit anderen zusammen die Zeitschrift *Forschungsjournal Neue Soziale Bewegungen*. Später verdiente er sein Geld mit der politischen Bildung von Zivildienstleistenden. Dabei machte er die Erfahrung, dass zwei Drittel der Zivis als „Fahrer, Pförtner, Möhrenschneider" beschäftigt wurden, lediglich ein Drittel der jungen Männer habe die Zeit als „Lerndienst" erfahren. Nur diese blieben auf Dauer engagiert, während bei den anderen die Motivation für eine freiwillige Tätigkeit eher kaputtgemacht worden sei. Freiwilligendienste müssten Lerndienste sein, beharrt Klein, dürften keinesfalls als Ersatz für bezahltes Personal dienen. Bürgerschaftliches Engagement müsse „mit Demokratiepolitik engeführt werden", die „partizipatorische Funktion des Engagements" dürfe nicht abgeschnitten werden. Die Praxis sieht leider meist anders aus.

Über dem Schreibtisch des Geschäftsführers hängt ein Bild in düsteren Farben. Es zeigt ein Männergesicht mit einem leicht gequälten, himmelwärts gerichteten Blick – für Dr. Klein „ein Sinnbild für Berliner Politik".

Zu Gast bei der Deutschen Bank

Szenenwechsel: Von der Fabriketage unweit der Spree in die „Hauptstadtrepräsentanz der Deutschen Bank", einen relativ unbeschadet durch den zweiten Weltkrieg gekommenen ortsüblichen Prachtbau Unter den Linden. Zu DDR-Zeiten hatte hier der *Freie Deutsche Gewerkschaftsbund* seinen Sitz. Später wurde das Gebäude, das ihr vor dem Krieg gehörte, der Deutschen Bank zurückgegeben und im Inneren zu einem modernen Bürogebäude mit repräsentativer Anmutung umgestaltet. Hier feierte das BBE im November 2012 sein zehnjähriges Bestehen mit einer Fachtagung.

Vor der Tür wacht der Mitarbeiter eines Sicherheitsdienstes, drinnen leitet eine Empfangsdame in dunklem Kostüm die Besucherin an den elektronischen Eingangsschleusen vorbei zum Aufzug. Das tageshelle Foyer im Dachgeschoß füllt sich schnell mit den Tagungsteilnehmern, es gibt Häppchen und Getränke. Im Sitzungsraum bestimmen Grünpflanzen, heller Teppichboden und großformatige Zeichnungen von den Verhüllungsaktionen des Künstlers Christo das Ambiente. Man sitzt auf lederbezogenen Bugholzstühlen und lauscht der länglichen Begrüßung eines Herrn aus dem Bundesministerium für Familie, Senioren, Frauen und Jugend. Abteilungsleiter Dieter Hackler, dunkelblauer Anzug, korrekt gescheiteltes Silberhaar, bemüht sich um versöhnliche Töne: Die Finanzierung des BBE sei trotz Kürzungen bis 2014 gesichert. Ohne Zuwendung zum und Dienst am Menschen gebe es kein soziales Miteinander. Das wisse auch die Wirtschaft, die Engagement als „strategisches Handeln" begreife. In Zukunft würden Unternehmen den „Mehrwert des Engagements" noch mehr würdigen. Aber der Ministeriale weiß auch, dass vor allem erwerbstätige Menschen bürgerschaftlich aktiv sind, „wenn wir Arbeit schaffen, schaffen wir auch Motivation für Engagement". Dem BBE ruft Hackler zu, wo es doch ein Netzwerk ist, die Netze auszubreiten und das Engagement einzufangen, sozusagen „wie der Fischer den Fischfang von unten mitzunehmen und der Gesellschaft zugute kommen zu lassen".

Thomas Olk sieht nicht aus wie ein Fischer. Der professorale Brillenträger mit Stirnglatze und weichen Gesichtszügen, Vorsitzender des BBE-Sprecherrats, lässt in seinem Vortrag die zehnjährige Geschichte des Netzwerks Revue passieren. So habe man „das Format Woche des Bürgerschaftlichen Engagements" entwickelt, als erste das Thema „Engagement und Schule" bearbeitet, jetzt sei man dabei, die Engagementforschung voran zu bringen; damit etabliere sich das BBE mehr und mehr als „Wissens- und Kompetenzplattform". Viele Organisationen im BBE stünden zwar in Konkurrenz zueinander, im Wettbewerb um Gelder aus denselben Töpfen. Aber, so hofft Olk, „wir ersetzen uns nicht gegenseitig, wir ergänzen uns". Aufgabe des BBE sei es, „Vielfalt zu bündeln" und dabei ein „klares Profil" zu entwickeln, das bleibe die „strategische Herausforderung". Die „trisektorale Struktur" des BBE löse hierarchische Vorstellungen ab. Stattdessen gehe es darum, als Staat, Zivilgesellschaft und Unternehmen, sich „auf Augenhöhe" für „Good Governance" einzusetzen und die großen Probleme, wie den demographischen Wandel, gemeinsam zu lösen, zur „gemeinsamen Koproduktion komplexer Produkte" beizutragen.

Folgt noch ein langer Nachmittag mit ähnlichem Geschwurbel über „langfristige Lernprozesse", „Ehrenamt als innovierende Ressource", „Vertrauen und Offenheit", das „Investment in Gemeinwohl" und wie man „den unternehmerischen Sektor in Dialog mit den anderen Stakeholdern" bringen könne . . . Dabei ist das Unternehmertum bereits gut vertreten mit Managern des Versicherungskonzerns *Generali*, des Ölmultis *BP* und des *Netzwerks für Corporate Citizenship*. Aber auch alle anderen reden im betriebswirtschaftlich geprägten Neusprech.

Mit einer Ausnahme: Henny Engels, Geschäftsführerin des *Deutschen Frauenrats*. Sie spricht als einzige die auch im Ehrenamt übliche Arbeitsteilung der Geschlechter an. Die Hauptamtlichen im gesamten Sozial- und Pflegebereich seien mit technischen bzw. bürokratischen Verrichtungen beschäftigt, „fürs Menschelnde kommen dann die grauen, grünen oder sonstigen Damen" auf den Plan. Solle man, fragt Engels polemisch, eigentlich noch Geld in die Ausbildung von Frauen stecken, wenn die vieles umsonst oder schlecht bezahlt machten? Engels redet sich in Rage, bekommt viel Beifall. Aber kurze Zeit später kreist die Versammlung wieder um sich selbst. Geschäftsführer Ansgar Klein läuft zu großer Form auf: Wir müssten „alle unsere Kompetenzen zusammenführen zu einer Kombinatorik von nutzerstarken Angeboten und fachlicher Kompetenz" und dabei „energetische Rückbindung in eine Dynamik" entfalten.

Frau Dr. Lilian Schwalb, wissenschaftliche Mitarbeiterin der BBE-Geschäftsstelle, räumt derweil die Gläser von den Podiumstischen. Es wird Zeit für den abendlichen Empfang im Rathaus.

... und im Berliner Rathaus

Dort geht es auf rotem Teppich die Stufen hoch zur Eingangshalle, wo es Sekt gibt und später ein üppiges Finger-food-Büffet. Alle scheinen sich zu kennen und sind eifrig miteinander im Gespräch, darunter auffallend viele „Malteser" in Uniform. Im benachbarten „Wappensaal", in dem vor dem Zweiten Weltkrieg die Stadtverordnetenversammlung von Groß-Berlin tagte, steht das Redepult, dem sich nun eine Frau mit schulterlangem blondem Haar nähert. Es ist die Beauftragte des Landes Berlin für das bürgerschaftliche Engagement Frau Staatssekretärin Hella Dunge-Löper.

Bürgerschaftliches Engagement spiele in Berlin eine große Rolle, sagt die Staatssekretärin. Und es werde in Zukunft eine noch größere spielen. Soll das heißen, dass der Senat mit einer weiteren Zunahme der Hartz-IV-Haushalte rechnet (aktuell über 20 Prozent der Hauptstadt-Bevölkerung) bzw. mit weiterer Verarmung der über 14 Prozent der Berlinerinnen und Berliner, die mit weniger als 766 Euro im Monat auskommen müssen?[43] Nicht doch. Es geht der Staatssekretärin um den demographischen Wandel, die Alterung der Bevölkerung, die es mit verstärktem Engagement zu bewältigen gelte. Dabei sagen alle Statistiken, dass die Armut in Berlin vor allem ein Problem junger Menschen ist, von Migranten, alleinerziehenden Frauen und schlecht oder gar nicht ausgebildeten Jugendlichen.

---

[43] Regionaler Sozialbericht Berlin-Brandenburg, *Der Tagesspiegel*, 13. 1. 2012

Folgt eine weitere Ansprache von Thomas Olk mit den inzwischen sattsam bekannten Worthülsen „Trisektoralität", „Kompetenz- und Wissensplattform", wahlweise auch „Wissens- und Kompetenzplattform", „Vernetzung der Player aus Zivilgesellschaft und Medien", um mit diesen „Akteuren bürgerschaftliches Engagement in der Fläche umzusetzen". „Warum wird bürgerschaftliches Engagement immer wichtiger?", fragt Olk rhetorisch in die Runde, wo etliche Zuhörer an ihren Smartphones herumspielen. Und hat auch gleich die passende Antwort: „Staatliche Institutionen können Probleme wie Bildung oder den demographischen Wandel nicht allein stemmen." Aber in welcher Form ehrenamtliches Engagement dabei mitmache, müsse diskutiert werden, ob „bottom up" oder „top down", beides gehe, wenn nur die „Player" ihre „Netzwerk-Rolle" lernten.

Die Infrastruktur des bürgerschaftlichen Engagements sei prekär finanziert, die Kommunen könnten dabei immer weniger helfen. Daher sei Sponsoring wichtig. Es habe sich mit den Sponsoren „eine tolle Kooperationskultur entwickelt".

Offenbar auch kulinarisch, denn endlich dürfen wir ins Foyer zurück, wo es zu essen und zu trinken gibt. Auch das Buffet ist gesponsert. Mahlzeit!

Rahmenhandlung I – die Bundesregierung

Bundesregierungen, gleich welcher Couleur, singen seit Jahrzehnten das hohe Lied des ehrenamtlichen Engagements. So richtig in Fahrt kommt die „Engagementpolitik" aber erst seit Dienstantritt der derzeitigen Bundesfamilienministerin Kristina Schröder: „Nationale Engagementstrategie", „Nationales Forum für Engagement und Partizipation", „Bundesfreiwilligendienst", „Bundesamt für Familie und zivilgesellschaftliche Aufgaben", „Erster Engagementbericht", Modell-Projekte wie der „Freiwilligendienst aller Generationen" und damit zusammenhängende PR-Maßnahmen wie die „Leuchtturm-Projekte" – besonders erfolgreiche Modelle des Engagements vor Ort – so lauten die Namen der wichtigsten

Duftmarken, die seit 2009 gesetzt wurden. Ältere „Formate" laufen weiter: regelmäßige Veröffentlichungen wie *Monitor Engagement* und *Freiwilligensurvey* oder die jährliche *Woche des Bürgerschaftlichen Engagements*.

Etwa vier Prozent vom 6,8-Milliarden-Gesamtetat des Bundesfamilienministeriums fließen in den Bereich Förderung des bürgerschaftlichen Engagements, davon allein 260 Millionen in die Freiwilligendienste BFD, FSJ, FÖJ und internationale Jugendfreiwilligendienste.[44] Damit soll das politische Ziel erreicht werden, einen „Rahmen für die freiheitliche, subsidiäre Selbstorganisation einer lebendigen Zivilgesellschaft" zu schaffen, wie die Bundesregierung in ihrer Stellungnahme zum Ersten Engagementbericht schreibt.

Vielen erscheint dieses Rahmenbasteln auf höchster Ebene als zu hierarchisch. Das Ministerium habe sich zur zentralen Steuerungsinstanz von Engagementpolitik aufgeschwungen und behindere damit die „Entfaltung bürgergesellschaftlicher Freiheit", kritisieren Stimmen aus dem Umfeld des BBE.

Das BMFSFJ hat zwar innerhalb der Bundesregierung die „Querschnittskompetenz" bei der Engagementförderung, ist aber nicht als einziges Ministerium auf diesem Feld aktiv. Vor allem das Bundesinnenministerium, das unter anderem auch für Sportförderung zuständig ist, spielt eine große Rolle. Das Auswärtige Amt und das Bundesministerium für wirtschaftliche Zusammenarbeit finanzieren weitere Freiwilligendienste im Ausland. Auch die Bundesministerien für Bildung, Arbeit und Soziales, Verkehr, Bau und Stadtentwicklung sowie das Bundeslandwirtschaftsministerium sind „Stakeholder" im Politikfeld „Bürgerschaftliches Engagement".

Das Arbeits- und Sozialministerium war federführend bei der Erstellung einer *Nationalen Strategie zur gesellschaftlichen Verantwortung von Unternehmen (Corporate Social*

---

[44] Eigene Berechnungen auf der Basis des Bundeshaushalts 2013. Nähere Angaben konnte die Pressestelle des BMFSFJ im März 2013 nicht machen

Responsibility – CSR) von 2010. Die Bundesregierung bekennt sich darin zu der Aufgabe, „verantwortungsbewusst handelnde Unternehmen in ihrer Vorbildrolle zu stärken, weitere Anreize zur Übernahme gesellschaftlicher Verantwortung zu schaffen sowie Hilfestellung zur Umsetzung von CSR in das unternehmerische Alltagshandeln zu bieten". Das soll unter anderem durch den Ausbau von Netzwerken, Foren und Internetportalen zum Thema geschehen. Aber auch durch ein Beratungs- und Coachingprogramm für kleine und mittlere Unternehmen – die Organisationsberatungs- und Weiterbildungsindustrie wird es dankbar zur Kenntnis genommen haben.

Der Deutsche Bundestag hat seit dem Abschluss der Enquete-Kommission Zukunft des Bürgerschaftlichen Engagements einen eigenen Unterausschuss zum Thema gebildet.

Im Jahr 2009 forderte das Parlament die Bundesregierung auf, in jeder Legislaturperiode eine wissenschaftliche Bestandsaufnahme des bürgerschaftlichen Engagements in Deutschland in Auftrag zu geben. Im August 2012 lag der *Erste Engagementbericht der Bundesregierung – für eine Kultur der Mitverantwortung* vor, erstellt von einer Sachverständigenkommission unter Vorsitz von Michael Hüther, dem Leiter des Instituts der deutschen Wirtschaft in Köln, dem wirtschaftswissenschaftlichen Institut der Arbeitgeberverbände.[45] Das Übergewicht wirtschaftsnaher Experten in der neunköpfigen Kommission erklärt das federführende Bundesfamilienministerium damit, dass der Schwerpunkt der Expertise aus einer empirischen Untersuchung zum Thema „Unternehmerische Verantwortung für die Gesellschaft" bestehe.

Rahmenhandlung II – die Länderebene

Die Ministerpräsidenten Stoiber (Bayern) und Biedenkopf (Sachsen) beriefen 1996 eine „Zukunftskommission" mit

---

[45] Erster Engagementbericht, S. 34

dem erklärten Ziel der „Entlastung des Arbeitsmarkts durch Erschließung von Lebensbereichen außerhalb der Erwerbsarbeit", wie es der Vorsitzende der Kommission, Meinhard Miegel, formulierte. Im Visier hatten die in diesem Gremium versammelten, rückwärtsgewandten Sozialpolitiker vor allem die „Erwerbsneigung" ostdeutscher Frauen, welche angeblich den Arbeitsmarkt belaste. Konzepte wie die von Ulrich Beck beeinflusste „Bürgerarbeit" („Bürgerarbeit wird nicht entlohnt, aber belohnt") sollten Abhilfe schaffen.

Heute gilt Landesregierungen jedweder Couleur bürgerschaftliches Engagement quasi als Naturressource, die es zu hegen und zu pflegen gilt. Das grün-rot regierte Baden-Württemberg hat eigens das Amt einer „Staatsrätin für Zivilgesellschaft und Bürgerbeteiligung" installiert. Bund wie Länder streuen großzügig Zeichen von „Anerkennungskultur", die scheinbar viel hermachen, aber wenig kosten. „Das Gemeinwohl fest im Blick zu haben und Gemeinsinn vorzuleben – beides muss zusammenkommen, damit unsere Gesellschaft auch in schwierigeren Zeiten zusammenhält", schreibt die nordrhein-westfälische Ministerpräsidentin Hannelore Kraft, wenn mal wieder irgendwo im Land ein ehrenamtlicher Förderverein das örtliche Schwimmbad vor der Schließung bewahrt, wie 2012 im bergischen Bergneustadt. Die örtliche Kreisverwaltung hat dort, wie viele kommunale Selbstverwaltungen in Deutschland, das bürgerschaftliche Engagement zu einem „strategischen Ziel" erklärt. Qualifizierung, Fortbildung, Fahrtkosten und Werbung für den Freiwilligendienst aller Generationen, der als Modellprojekt zunächst von der Bundesebene initiiert wurde, werden im Oberbergischen Kreis jetzt aus öffentlichen Mitteln bezahlt, um das „Dienstprofil Freiwilligendienst in die Fläche zu bringen", wie die zuständige Referentin erläutert. Rund 150 000 Euro im Jahr lässt sich der Kreis das kosten.

Die unverzichtbare PR-Masche: „Corporate Social Responsibility"

Fingerfood und Suppe – British Petrol lässt bitten

An den Wänden im Wappensaal des Berliner Rathauses stehen Schautafeln mit großformatigen Fotos von Menschen, die fröhlich in die Kamera blicken. Man sieht Kinder und Eltern auf frisch renovierten Spielplätzen und Kinder und alte Menschen beim Basteln. Es sind Fotos von Aktivitäten einer Organisation mit dem schönen Namen *Verbundnetz der Wärme*, einst von der verstorbenen brandenburgischen Sozialministerin Regine Hildebrandt gegründet. Der Name rührt daher, dass die *Verbundnetz Gas Aktiengesellschaft* Leipzig der Sponsor der Aktivitäten ist. Zwischen den Schautafeln feiert das Bundesnetzwerk Bürgerschaftliches Engagement (BBE) sein zehnjähriges Bestehen. Als die Festansprachen beendet sind, lädt Professor Olk vom BBE-Sprecherrat zum Sturm auf das im Foyer aufgebaute Büffet, „gespendet von unserem langjährigen strategischen Partner BP". Hoffentlich kein Meeresgetier aus dem Golf von Mexiko? Es gibt Kürbissuppe und Hähnchenspieße, dazu Rot- und Weißwein.

Der langjährige strategische Partner des Engagement-Netzwerks wird heute Abend von Brigitta Wortmann verkörpert, laut Internet „Senior Political Advisor BP Europa SE". Sie sitzt auch im Sprecherrat des BBE. Ich hatte vorher bereits den Geschäftsführer des Netzwerks, Ansgar Klein, gefragt, welches Interesse denn der Ölkonzern an der Zusammenarbeit habe. Die Antwort war so vage, dass nichts davon im Gedächtnis blieb. Frau Wortmann, langer Rock, kastanienbraune Locken und farbenfrohe Brille, balanciert gerade einen Teller Suppe, als ich ihr die gleiche Frage stelle. Auch ihre Antwort sagt irgendwie – nichts. Aber sie erzählt mir vom gemeinsamen Projekt einer „Civil Academy" mit dem BBE. Dafür können sich junge Leute bis 27 mit einer Idee für ein gemeinnütziges Thema bewerben. Eine Jury wählt 24 von ihnen aus, die dann an drei aufeinanderfolgenden Wochenenden auf Kosten des Ölmultis in Projektmanagement, Fundraising und Öffentlichkeitsarbeit geschult werden. Schön, dass sich BP das noch leisten kann, trotz der vielen Milliarden für Schadensersatz und Strafbescheide nach der Explosion der Deep Water Horizon im Jahr 2010.

US-Vorbilder

Corporate Social Responsibility (CSR), also die „soziale Verantwortung von Unternehmen", ist seit der Jahrtausendwende in Deutschland mächtig im Aufschwung. Auch der Begriff „Corporate Citizenship" wird verwendet, um die Verantwortung von Unternehmen für das gesellschaftliche Umfeld, in dem sie agieren, zu bezeichnen. Wie so vieles am neoliberalen Gesellschaftsmodell kommt auch die Idee, dass Firmen sich als an ihrem kommunalen und sozialen Umfeld interessierte Organisationen zeigen sollten, aus den USA. Dort hat es freilich nie die in Deutschland bis auf wenige Ausnahmen herrschende strenge Trennung zwischen Staat, bürgerlicher Gesellschaft und privatem Unternehmertum gegeben. Wenn Ruhrbarone Zechensiedlungen bauen ließen, war die Verbindung zum Unternehmensinteresse an der Ressource Arbeitskraft relativ deutlich. Der amerikanische Stahlmagnat Andrew Carnegie aber stiftete Bibliotheken und Konzerthallen und hatte somit scheinbar unabhängig von seinem Profitinteresse als Unternehmer eine Rolle als Mäzen und Philanthrop. In manchen heutigen CSR-Aktivitäten ist der Zusammenhang mit dem „Kerngeschäft" des spendablen Unternehmens auf Anhieb einsichtig, so wenn der Bulettenmulti McDonalds den Bau eines „Elternhauses" neben einer Kölner Kinderklinik unterstützt und damit reichlich Werbung treibt. Auch die rund drei Millionen, mit denen nach eigenen Aussagen die Versicherung Generali Deutschland jährlich Projekte und Initiativen fördert, ist für ein Versicherungsunternehmen nicht abwegig, weil Projekte unterstützt werden, die den demographischen Wandel in Deutschland zu gestalten suchen.

Aber offenbar ist der Imagegewinn umso größer, je unabhängiger vom Kerngeschäft das Philanthropentum sich gibt. McDonalds hatte sich in Köln jedenfalls einiges an Kritik eingehandelt, als sich herausstellte, dass das Unternehmen gerade einmal mit 135 000 Euro den stolz „Ronald McDonald-Haus" genannten Neubau unterstützt hatte, mit einer Summe also, die nicht einmal die Kosten für zwei Werbespots zur besten Sendezeit bei RTL abgedeckt hätte, wie die Lokalpresse nachrechnete.

Inzwischen ist man da geschickter. CSR wird nicht mehr als preiswerte Werbemasche verstanden, sondern ist Teil langfristiger, strategischer Planung, oft sogar in der Verantwortung der Vorstände oder der Chefs der konzerneigenen Stiftungen, mit dem Ziel, sich scheinbar uneigennützig in Szene zu setzen.

Darbende Kommunen, spendable Unternehmen

Mit der Abschaffung der Vermögenssteuer im Jahr 1997, aus der sie Anteile erhielten, und der Gewerbekapitalsteuer 1998 verloren die deutschen Kommunen verlässliche Einnahmequellen. Je mehr sie sich in Folge aus der Finanzierung zum Beispiel des Kultursektors herauszogen, desto wichtiger wurde das Sponsoring durch die Privatwirtschaft. Die Unternehmen gaben zurück, was sie an Steuern eingespart hatten, wenn auch nur in Bruchteilen. Seither keine Opernaufführung, kein Literaturfest, kein Konzert ohne die unvermeidlichen Firmenlogos „Powered by . . .". Und erst der Sport – ein besonders dankbares Terrain durch Dauerpräsenz der Firmenlogos auf den Fernsehschirmen. Folgerichtig mussten die großen Fußballstadien nach gesponserten Um- und Neubauten auf ihre Feld-, Wald- und Wiesennamen, wie „Waldstadion" oder „Westfalenstadion", verzichten und heißen nun *Commerzbank-Arena* oder *Signal-Iduna-Park*. Hübsch.

Verkehrsinfrastruktur ist ein weiteres Feld für werbeträchtiges Sponsoring. Zum Beispiel Kreisverkehre. „Sie können jetzt mithelfen, die Innenfläche eines Kreisels zu gestalten", wirbt die Stadt Köln auf ihrer Webseite. Das gibt es natürlich nicht umsonst: „Pro Kreisverkehr dürfen Sie an jeder Straßeneinmündung ein Schild im DIN-A2-Format zu Werbezwecken oder als Wegweiser zu Ihrem Unternehmen aufstellen." Noch ist der öffentliche Raum nicht vollständig durchkommerzialisiert. Aber alle Beteiligten arbeiten intensiv daran.

Arbeitsengel im Einsatz – „Corporate Volunteering"

„An einer ‚weißen Weihnachtsbescherung' können sich die Kinder der Eiler Grundschule nach den Ferien erfreuen: Als karitative Gruppe im Blaumann, ausgerüstet mit Pinsel und viel frischer Farbe, flogen 18 emsige ‚Engel' ein und taten Gutes, indem sie den renovierungsbedürftigsten Klassenräumen zu frischem Weiß verhalfen."[46]

Die so gelobten Engel waren Mitarbeiter der Abteilung Qualitätssicherung der Fordwerke, einem der größten Arbeitgeber Kölns. Das Unternehmen verzichtete für einen Tag auf die Arbeitskraft der 18 Mitarbeiter und landete damit eine gelungene PR-Aktion. Weitere Kosten: Null, denn die Farbe für den Anstrich stellte die Stadt. Die sicher auch imstande gewesen wäre, Handwerker zu bezahlen, wenn nicht gerade dank Steuerreform und Gewinnrückgang Ford sich die Gewerbesteuer gespart hätte.

In den folgenden Jahren las man ständig über Abteilungsleiter, die in Tagesstätten für Behinderte Dienst taten, sah Bilder von kochlöffelschwingenden Vorstandsvorsitzenden in „Tafel-Restaurants" und Managern, die auf der Strasse Obdachlosenzeitungen verkauften. Immer natürlich unter Nennung der Firmen-Namen. Aber es ging nicht nur um PR. Derartige Aktionen nützen nicht nur dem Firmenimage, sie

---

[46] *Kölner Stadt-Anzeiger*, 18. 1. 2001

sind zugleich eine preiswerte Alternative zu teuren Coaching-Seminaren in „Team Building" oder „sozialer Kompetenz". „Der Umgang mit Menschen und ihren Problemen macht die Mitarbeiter flexibler, entscheidungsfreudiger, engagierter. Sie sind motivierter und innovativer als andere", beschrieb 2001 der damalige Personalvorstand des *Henkel*-Konzerns die Sache.[47]

Die Goodwill-Dienstleister entdeckten schnell die Marktlücke. Ehrenamtsbörsen und Freiwilligenagenturen vermitteln zwischen Unternehmen und gemeinnützigen Projekten, in denen Manager oder einfache Mitarbeiter sich tage- oder wochenweise engagieren können. Es gibt auch auf CSR-Aktivitäten spezialisierte Beratungsunternehmen. Die Vermittlung von Managern in soziale Projekte ist das Geschäft von *Mehrwert – Agentur für soziales Lernen* in Stuttgart und der Agentur *Seitenwechsel – Lernen in anderen Lebenswelten* in Hamburg. Auf der Webseite von Seitenwechsel prangt das Foto zweier Männer, eines bärtigen Alten in abgewetzten Turnschuhen und mit farbverschmierter Hose, neben ihm auf dem Schlafsack hockt ein gut frisierter Mensch im Pulli, mit weißem Hemdkragen und mit polierten Schuhen. Obdachlosigkeit zum Anfassen. Das nennt sich dann „Persönlichkeitstraining für Führungskräfte". Die längeren Projekte sind meist den Managern vorbehalten, die auf Firmenkosten eine Woche in der Psychiatrie, der Drogenberatung oder im Hospiz arbeiten. Für einfache Mitarbeiter und Mitarbeiterinnen müssen ein, bestenfalls zwei Tage im Jahr fürs „Corporate Volunteering" reichen.

Zum Ausgleich machen Firmen und Institutionen gern Ärger, wenn es um die Inanspruchnahme gesetzlich geregelter Freistellungen für öffentliche Ehrenämter wie Schöffe, Jugendleiter oder Kommunalpolitikerin geht. Wenn der Mitarbeiter aus dem Controlling eine halbe Woche weg will, weil er bei den letzten „Sozialwahlen" in das Aufsichtsgremium der Krankenkasse gewählt wurde, geben sich die

---

[47] *BIZZ: Job, Geld Leben,* 5/2001, S. 49

Chefs eher zugeknöpft. Nicht dass man in diesen klassischen Ehrenämtern nicht auch einiges an sozialer Kompetenz lernen könnte, aber sie eignen sich nicht so gut für die Politur des Firmenimages.[48]

CSR – „Strategische Verankerung im Kerngeschäft"

Inzwischen gibt es wohl kaum ein großes Unternehmen ohne das Etikett der unternehmerischen gesellschaftlichen Verantwortung. „Corporate Social Responsibility" bzw. „Corporate Citizenship" steht inzwischen auch auf den Lehrplänen von Managementschulen. Laut dem vom arbeitgebernahen Institut der deutschen Wirtschaft 2012 erarbeiteten Ersten Engagementbericht der Bundesregierung engagieren sich hierzulande 96,2 Prozent der befragten 4 400 Unternehmen mit geschätzten etwa 11 Milliarden Euro im Jahr.[49] Das Thema ist also noch nicht ganz ausgereizt. Man arbeitet noch daran, CSR zum tragenden Element des neoliberalen Gesamtkunstwerks „Bürgergesellschaft" zu machen. Die Bundesregierung stellte bereits in ihrer *Nationalen Strategie zur gesellschaftlichen Verantwortung von Unternehmen* in 2010 Überlegungen an, wie CSR einen „Beitrag zur Bewältigung der zentralen Herausforderungen in einer globalisierten Welt des 21. Jahrhunderts" leisten könne. Demnach solle die „nationale CSR-Strategie (. . .) einen Rahmen entwickeln, der auf die Entfaltung der Marktkräfte setzt, dabei jedoch anstrebt, Handlungsfreiheit mit aktiver Verantwortungsübernahme in Einklang zu bringen. Damit soll eine nachhaltige, wirtschaftlich stabile, sozial ausgewogene und umweltverträgliche Entwicklung der Wirtschaft unterstützt werden".[50] Da kommt wohl noch was auf uns zu.

---

[48] Claudia Pinl, *Ehrenamt – neue Erfüllung, neue Karriere. Wie sich Beruf und öffentliches Ehrenamt verbinden lassen*. Regensburg, 2010
[49] Erster Engagementbericht, S. 239, S. 34
[50] *Nationale Strategie zur gesellschaftlichen Verantwortung von Unternehmen – Aktionsplan CSR – der Bundesregierung*, Berlin, 2010

Meinungsmache

Alle mal Hand anlegen

„Deutschland hat genug Hände, um sie einander zu reichen und anzupacken", hieß es im Manifest der Kampagne *Du bist Deutschland*, die Gunter Thielen, damals Vorstandsvorsitzender des Bertelsmann-Konzerns, 2005 initiierte. „Jammern hilft nichts – machen statt meckern heißt die Devise", schreibt die Kölner Freiwilligen Agentur in ihrem Jahresbericht 2012. „Bessere Zustände kommen nicht von allein. Anstatt alles auf den Staat zu schieben, dessen Fürsorgemöglichkeiten ohnehin erschöpft sind, legen immer mehr Menschen selbst Hand an und übernehmen Verantwortung."[51]

Aber warum sind die „Fürsorgemöglichkeiten des Staates" erschöpft? Und wo überall sollen wir anpacken und Hand anlegen?

Am Tag des Ehrenamts im September 2012 meldeten die Medien den Tod von Norbert Walter, dem ehemaligen Chefvolkswirt der Deutschen Bank, der sich zu Lebzeiten mit Forderungen wie „Weniger Staat, mehr Markt"[52] hervortat und noch in einer seiner letzten Veröffentlichungen hinterlistig fragte: „Wer soll das bezahlen? Antworten auf die globale Wirtschaftskrise".[53] Wer wohl? Nicht zuletzt wir ehrenamtlich Freiwilligen, durch unserer Hände Arbeit. Weil der Markt das ganze Geld aufgefressen hat, der Staat dank Steuerminderung für Unternehmen und Reiche arm wie eine Kirchenmaus ist und öffentliche Dienste nur noch in Kernbereichen bezahlen kann.

Wir entlasten den Bildungsetat – wenn die Schulen ihre primäre Aufgabe, Kindern Lesen und Schreiben beizubrin-

---

[51] www.koeln-freiwillig.de
[52] München, 1993
[53] München, 2011

gen, nicht schaffen – Lesepaten werden es schon richten! Wir entlasten die Wohlfahrtsverbände von Personalkosten, wenn Freiwillige Gymnastikkurse im Altenheim anbieten, „Grüne Damen" Kranke betreuen und andere in der Kita aushelfen. Wir entlasten die Kommunen, wenn Eltern die Schulgebäude streichen, Ehrenamtliche die Bibliotheken und Schwimmbäder betreiben, das Grün pflegen und Teile der sozialen Dienste übernehmen.

Initiative Neue Soziale Marktwirtschaft

Dass der Staat nicht mehr „alles" richten kann, sondern wir Bürgerinnen und Bürger selbst „Hand anlegen" müssen, ist zur scheinbaren Selbstverständlichkeit geworden. Nicht zuletzt dank einer neoliberalen Dauerberieselung in Medien, Öffentlichkeit und Politik. Diese Berieselungsanlage am Laufen zu halten, ist seit langem Aufgabe der *Initiative Neue Soziale Marktwirtschaft* (INSM). Der Arbeitgeberverband *Gesamtmetall* hatte die Lobbyorganisation zur Verbreitung marktradikalen Gedankenguts im Jahr 2000 aus der Taufe gehoben und finanziell gut ausgepolstert. Nach der Jahrtausendwende beeinflusste sie sehr erfolgreich das politische Klima in der Bundesrepublik, vor allem durch direkten Zugang zu Politik und Medien. Die für das Projekt eingespannte Werbeagentur *Scholz & Friends* versorgte Redaktionen gratis mit „journalistischen Diensten" und „integrierter Kommunikation", zum Beispiel redaktionell aufbereiteten Beiträgen neoliberaler Wirtschaftswissenschaftler.[54] Zu neoliberalen „Reformen" gebe es keine Alternative, das war in den folgenden Jahren Sonntag für Sonntag die Dauerbotschaft der Talk-Show von Sabine Christiansen. Das Mantra „TINA" („There is no Alternative") wurde in Kommentarspalten und Talk-Shows rauf und runter gebetet und dem übrigen Publikum durch Slogans wie „Sozial ist, was Arbeit

---

[54] Hermann G. Abmayr, „Der Meister des großen Geldes", in *Kontext: Wochenzeitung*, 6./7. 10. 2012

schafft" nahe gebracht. Als „Botschafter" der INSM agierten Wissenschaftler und Politiker quer durch die Parteien, zum Beispiel Ralf Dahrendorf, Klaus von Dohnanyi (SPD) oder auch die Finanzexpertin der Grünen, Christine Scheel. Was politisch „hinten raus kam", war spätestens 2003 anhand der Agenda 2010 zu besichtigen.

Mehr Markt, weniger Staat, mehr Eigenverantwortung heißt die Dreifaltigkeit im neoliberalen Glaubensbekenntnis. Was den letzten Punkt anbelangt, so brachte eine Veröffentlichung der INSM 2007 die Sache auf den Punkt. Das Büchlein heißt *Deutschland zum Selbermachen.* In 22 „Best-Practice"-Beispielen wird „eine neu gelebte Verantwortungsteilung zwischen Staat und Gesellschaft" dargestellt.[55]

Bürger an die Besen!

Das sieht zum Beispiel so aus, dass in der rheinischen Stadt Langenfeld seit 2006 die Bürgerinnen und Bürger die Straßenreinigung in Wohngebieten selber übernehmen (nicht alle freuen sich darüber). Oder Besitzer von Siedlungshäusern im Leipziger Stadtteil Portitz sich zu einer Gesellschaft bürgerlichen Rechts zusammentaten, um eine neue Kanalisationsanlage bauen zu lassen – zu einem wesentlich günstigeren Preis, als die Stadt Leipzig zuvor geplant hatte. Auf einem Foto sieht man ein halbes Dutzend zufrieden blickende Senioren vor einer Bauzeichnung – es ist der Typ „rüstiger Rentner", die Lieblingsressource aller Propagandisten der „Bürgergesellschaft". Von Celle bis Wolfratshausen, von Braunschweig bis Bergisch Gladbach graste das *Forschungszentrum für Bürgerschaftliches Engagement* unter Leitung von Sebastian Braun (damals noch an der Universität Paderborn, seit 2008 an der Humboldt-Universität Berlin) im Auftrag der INSM die „selbsttätige Gesellschaft" ab und stellte

---

[55] Initiative Neue Soziale Marktwirtschaft, Max A. Höfer & Ronald Voigt (Hrsg.), *Deutschland zum Selbermachen. Ideen statt Rotstift: 22 beachtliche Beispiel, wie Bürger Staat machen*, München und Zürich, 2007, S. 150

die Fundstücke dem Rest der Republik als nachahmenswerte Beispiele vor.

Aktuell scheint die INSM das Interesse an dem Thema verloren zu haben. Gibt man auf ihrer Homepage das Stichwort „Ehrenamt" oder „bürgerschaftliches Engagement" ein, ist die Trefferquote Null. Unter der Internetadresse *www.deutschland-zum-selbermachen.de* heißt es: „Diese Domain steht zum Verkauf." Die Pressestelle der INSM teilte im März 2013 mit, das Projekt habe „leider keine Fortsetzung gefunden". Anderes scheint im Moment den Arbeitgebern von Gesamtmetall und anderen Branchen auf den Nägeln zu brennen. Es gilt Abwehrfronten aufzubauen gegen drohende Steuererhöhungen und Subventionsabbau, gegen Gerechtigkeitsforderungen im Bundestagswahljahr 2013, Gerechtigkeitsansprüche, die einmal nicht nur „Chancengerechtigkeit" meinen, sondern auch Verteilungsgerechtigkeit einfordern.

Die Sache selbst ist dagegen auf gutem Weg. Im rheinischen Langenfeld werden jedenfalls weiter die Besen geschwungen. „Die Bereitschaft, vor der eigenen Tür zu fegen, ist inzwischen zur gelebten Praxis geworden. Sie ist im nunmehr angebrochenen achten Jahr der Umsetzung fester Bestandteil des Alltags", verlautet aus der Pressestelle der Stadt. „In der Praxis bedeutet dies, dass die Bürgerinnen und Bürger, die an den sogenannten ‚Bürgerstrassen' wohnen, neben dem Gehweg (der seit jeher von den jeweiligen Hauseigentümern zu säubern ist) auch über den ‚Tellerrand' des Gehsteigs hinaus in den Rinnstein schauen und Laub oder Verschmutzungen beseitigen."[56]

„Freiwilligkeit" – die ganz besondere Qualität

Michael J. Sandel, Harvard-Professor, Moralphilosoph und Mitbegründer des Kommunitarismus, weiß Bescheid: *Was man für Geld nicht kaufen kann* lautet der deutsche Titel sei-

---

[56] E-Mail an die Verfasserin, März 2013

nes 2012 erschienenen Buchs. Auch die Beatles und ein US-Teenie-Film der Achtzigerjahre wussten: *Can't Buy Me Love*.

Diese Binsenweisheit wird von der Goodwill-Industrie gern bemüht, wenn es mal wieder darum geht, die Verlagerung öffentlicher und sozialstaatlicher Dienste auf die Schultern von Freiwilligen zu rechtfertigen. Dann betont man „die besondere Qualität des ehrenamtlichen Engagements" in den Beziehungen zwischen Menschen. Es handele sich um „eine Form der Bereicherung", die berufliches Arbeiten so nicht kenne. Zum Beispiel in der Hospizarbeit: Ehrenamtliche in der Sterbebegleitung können sich angeblich ganz anders einbringen als professionelle Trauerbegleiter, Therapeutinnen oder Pfarrer. Ehrenamtliche würden sich wirklich Zeit für Trauerarbeit mit den Betroffenen nehmen, während der Pfarrer vielleicht schon in Gedanken mit dem nächsten Fall beschäftigt sei. „Menschliche Hilfe, das Menschliche, kann man nur mit Freiwilligen leisten", behauptet forsch Sabine Ulonska vom Generalsekretariat des Malteser Hilfsdienstes.[57]

Nach dem Motto „wahre Nächstenliebe kostet nix" bekommen die Einsparungen im Wohlfahrtsstaat einen Heiligenschein verpasst, der ihnen nicht zusteht. Im Gegenteil; zu behaupten, dass menschliche Zuwendung und Zusammenhalt nur über Gratisarbeit zu erreichen sei, ist ein Schlag ins Gesicht aller Erwerbstätigen im Gesundheits-, Pflege und Betreuungsbereich, die diese Berufe ja auch einmal gewählt haben, weil sie mit Menschen zu tun haben wollten. Die „Care"-Arbeit aus den Arbeitsplatzbeschreibungen der in der Pflege und Gesundheitsindustrie Tätigen auszuklammern und sie Ehrenamtlichen zuzuweisen, bedeutet eine Abwertung und Dequalifizierung dieser Arbeitsplätze, die heute schon weitgehend Wirklichkeit ist.

---

[57] *Funkhausgespräche*, WDR 5, 16. 6. 2011

Doch nicht ganz umsonst?

Die Meinungsmacher rechtfertigen diese Abwertung der Berufstätigen, wenn sie die komplementäre Beziehung zwischen Haupt- und Ehrenamtlichen, die sie anstreben, als „Bürger-Profi-Mix" beschreiben, wie es zum Beispiel Klaus Dörner macht: Ein Kern von Professionellen, eventuell sogar besser bezahlt als heute, um den herum sich ein Kranz ehrenamtlich-bürgerschaftlich Tätiger, in unterschiedlicher semiprofessioneller bis professioneller Ausprägung, gruppiert. „Nur so lassen sich die wirklich segensreichen und unersetzlichen Kerne des professionellen Helfens dauerhaft finanzieren", behauptet der bekannte Psychiater und Soziologe.[58] Eine weitere Zutat macht den von Dr. Dörner angerührten „Mix" erst richtig wirksam, der „soziale Zuverdiener", wie Dörner die Ehrenamtlichen mit Aufwandsentschädigung nennt: „Nicht wenige Menschen sind wegen der Verknappung der Erwerbsarbeit zu ihrer finanziellen Absicherung auf einen Zweit- oder Drittjob angewiesen. Dem kommt der wachsende gesellschaftliche Hilfebedarf entgegen. Im Unterschied zu den ehrenamtlichen Helfern bisherigen Typs haben die neuen Bürgerhelfer oftmals neben einem Zuviel an freier Zeit zugleich ein zu geringes Einkommen. Sie bilden den neuen Bürgertyp des sozialen Zuverdieners oder des Semiprofessionellen; sie geben nicht nur Zeit, sondern nehmen auch Geld".[59] Dörner sieht zwar die materielle Not, die manche „Ehrenamtliche" treibt, selbst für noch so bescheidenes Geld Beschäftigung zu suchen, er irrt aber gewaltig, wenn er meint, die Erwerbsarbeit sei knapp. Knapp ist lediglich der Wille, für diese Art Arbeit Gehälter zu bezahlen.

---

[58] Klaus Dörner, „Leben und Sterben: Die neue Bürgerhilfebewegung", in: *Aus Politik und Zeitgeschichte*, 18. 1. 2008,www.bpb.de/apuz/31452
[59] Dörner, a. a. O.

Hilfe – wir brauchen Helfer!

Klaus Dörner, Jahrgang 1933, setzt sich seit Jahrzehnten dafür ein, psychisch auffällige Menschen in die Gesellschaft zu integrieren, statt sie in Anstalten zu sperren. Aus seiner Forderung nach Inklusion psychisch Kranker leitet er Aufrufe zu weitgehender „Deinstitutionalisierung" und „Deprofessionalisierung" auch der Hilfen für Alte, chronisch Kranke oder sonst wie Pflegebedürftige ab. Denn das Hilfesystem der Moderne, basierend auf Professionalität und Institutionalisierung, sei nicht nur nicht mehr finanzierbar, sondern inzwischen auch kontraproduktiv. Es stehe dem Ziel der Inklusion (Dörner nennt es „Integration") der Hilfebedürftigen entgegen.

In seinen Veröffentlichungen der letzten Jahre betont der Soziologe und Psychiater den „großen gesamtgesellschaftlichen Hilfebedarf", der mit der zunehmenden Alterung der Bevölkerung verbunden sei. Er malt ein düsteres Bild der demographischen Entwicklung in Deutschland und ihrer Folgen: Es wächst nicht nur die Anzahl fitter alter Menschen, die nach Renteneintritt dank medizinischen Fortschritts und guter Lebensumstände viele gesunde Lebensjahre vor sich haben; es wächst auch der Anteil Hochbetagter, die in irgendeiner Form pflegebedürftig sind, darunter ein hoher Prozentsatz von Demenzkranken. Dörner nennt diese Menschen „die andere Gesellschaft". Diese andere Gesellschaft habe „einen so großen gesamtgesellschaftlichen Hilfebedarf, wie es ihn nie zuvor in der gesamten Menschheitsgeschichte gab". Das professionelle und institutionelle Hilfesystem – also die Heilung und Pflege in Krankenhäusern und Altenheimen – komme langsam aber sicher an Grenzen. Angesichts dieses geradezu „explodierenden gesamtgesellschaftlichen Hilfebedarfs" visioniert Dörner eine „Synchronisation von Bürgerhilfe und professioneller Hilfe: Die ausgebildeten Helfer können künftig nicht mehr alles selbst tun; stattdessen müssen sie andere – die Bürger – mobilisieren und beim Helfen begleiten". Ansätze dazu gebe es schon lange.

Seit etwa 1980 zeige sich ein tiefgreifender kultureller Wandel der Einstellungen und des Verhaltens, die Umrisse einer neuen Bürgerbewegung. „Wir Bürger in der Breite" hätten längst damit begonnen, unser Verhalten dem expandierenden Hilfebedarf anzupassen. Dörner macht das fest am Anwachsen von Zusammenschlüssen wie Selbsthilfegruppen, der Aids-Hilfe, der Hospizbewegung, der „Wiederentdeckung" von Bürgerstiftungen, dem Bau ambulanter Stadtviertel-Wohnpflegegruppen oder Mehrgenerationenhäuser, mit Pflegeeinrichtungen, die sich zum Teil auf ehrenamtliche Nachbarschaftshilfe stützen.

Das nützt nach Dörner nicht nur den Hilfebedürftigen, sondern auch den Helfenden. Viele Menschen verfügten über große Zeitressourcen, die sie um der eigenen psychischen Gesundheit willen sinnvoll nutzen sollten, sonst drohe Depression oder Abrutschen in die Sinnlosigkeit. Dörner sieht eine Gesellschaft voraus, in der „alle Bürger", nicht nur die Ehrenamtlichen, wie er ausdrücklich betont, „künftig in ihrem Wochenzeitbudget nicht nur Arbeitszeit und Freizeit, sondern auch Sozialzeit vorsehen müssen, wie dies bis zum Beginn der Moderne in allen Kulturen ohnehin der Fall war".[60]

Zurück also in die Vormoderne, aber nicht ganz freiwillig!

„Und bist du nicht (frei-)willig, . . ."

Diejenigen, die bürgerschaftliches Engagement propagieren, sind keineswegs alle einer Meinung, wenn es darum geht, was darunter zu verstehen ist. Vielen ist wichtig, die Freiwilligkeit des Engagements zu betonen. „Die Freiwilligkeit war, ist und sollte der Profilgeber von Ehrenamtlichkeit bleiben", schreibt Barbara Gierull, ehemalige Leiterin der *Freiwilligenzentrale Herne*. „Jede ehrenamtliche Tätigkeit bedeutet, dass dort ein Bürger freiwillig als aktiver, mitspracheberech-

---

[60] Alle Zitate: Klaus Dörner, a. a. O.

tigter Gestalter an einer Mit- und Umgestaltung der Gesellschaft teilhaben möchte."[61] Nicht alle sehen das so idealis-
tisch. Mischprojekte wie „Bürgerarbeit" für Langzeitarbeitslose lassen die Übergänge zwischen Freiwilligkeit und
Zwang verschwinden. Andere stimmen mit Klaus Dörner
überein, es könne nicht schaden, der Motivation mit ein bisschen Druck nachzuhelfen.

Bitburg, Südeifel, im Herbst 2012. Der Philosoph und Pub-
lizist Richard David Precht spricht zum Thema „Die Kunst,
kein Egoist zu sein". Die Stadthalle mit rund 850 Plätzen ist seit
Wochen ausverkauft. Man fragt sich, was die Menschen dazu
treibt, 20 Euro zu zahlen, um dem 49-jährigen Bestseller-Autor
zu lauschen. Precht, angeblich ein Frauentyp, ist laut dem Onli-
ne-Lexikon *Wikipedia* „Verfechter einer neuen Bürgergesellschaft und steht den Kommunitaristen nahe". In der Stadthalle,
die ihre repräsentative Ausstattung der benachbarten Brauerei verdankt, springt der Star des Abends aus dem Dunkel ins
Scheinwerferlicht. Precht, offenes Hemd über verwaschenen
Jeans, nackenlanges Haar, Cowboy-Stiefel an den Füssen,
schmeißt Schal und Jackett lässig über den Handlauf des
Bühnenaufgangs, nimmt sich das Mikrofon und läuft die
nächsten zwei Stunden die Bühne auf und ab, während er
über das Wollen und Sollen des Menschen doziert.

Neben dem angeborenen Sinn für Fairness gegenüber uns
selbst können wir auch ein Empfinden für Gerechtigkeit gegenüber anderen entwickeln, sagt der Philosoph. Die von der
Neurowissenschaft entdeckten Spiegelneurone befähigten die
Menschen zum Mitgefühl für andere. Aber warum ist die
Welt trotzdem voll von Ungerechtigkeit, Mord und Tot-
schlag? Precht sieht den Grund dafür im Gruppendruck, dem
Menschen als soziale Wesen ausgesetzt sind. Man will
wahrgenommen werden, will Respekt, Achtung und Anerkennung durch die Menschen der Umgebung, egal ob es sich
um ein Krankenhausteam, eine Gruppe von Investmentban-
kern oder eine Drogengang handle.

---

[61] *taz*, 25. 9. 2006

Kevin und Achmed

Auch die zehn Prozent Schulabgänger ohne Abschluss jedes Jahr holten sich die Anerkennung auf anderem Weg, indem sie zum Beispiel dem Rentner, der schon auf dem Boden liegt, noch mal ins Gesicht treten, das bringe in Marzahn, Hohenschönhausen oder Köln-Chorweiler den Beifall der Gang, befürchtet Precht. Und ruft sein Publikum auf, sich zu engagieren. In die Problemviertel der Städte sollen wir gehen, zu den Kevins und Achmeds, und denen das Lesen und Schreiben beibringen, riet Precht seinen Zuhörern bereits 2011 auf der *LitCologne*. Jetzt ergänzt er: Wir, die Mittelschicht, können verhindern, dass Kevin und Achmed den Weg in die Kriminalität nehmen; wir können es verhindern durch Coaching, Zuwendung, Anerkennung. Denn die vielen Jugendlichen ohne Schulabschluss seien eine Gefahr für unseren Wohlstand. Kevin und Achmed lernen dann von uns nicht nur Lesen und Schreiben, sondern auch, dass man etwas umsonst tun kann, um des großen Ganzen willen. So lasse sich Integration schaffen, werde sozialer Kitt produziert, der die Gesellschaft zusammenhält. Eine auf positiven Werten basierende Anerkennungskultur lasse sich verbreiten, sozialer Fortschritt sei möglich, wenn man etwas Positives vorlebe.

Wir hier im Saal sind angesprochen: 850 Menschen aus den Kreisen Bitburg, Daun und Trier, die heute Abend gekommen sind, um dem Bestseller-Autor und Fernseh-Promi zu lauschen. Der wird geradezu leidenschaftlich, läuft mit dem Mikro auf der Bühne auf und ab, spreizt die Finger der freien Hand beschwörend Richtung Publikum, richtet seinen leicht stechenden Blick auf uns. Natürlich lebt er selber vor, was er predigt – mit 8 000 anderen ist Precht bei *Mentor* engagiert, um Kevin und Achmed die Erfahrung machen zu lassen, dass jemand *ohne Geld* etwas tut. Mentor habe eine Erfolgsquote von 87 Prozent, wie solle der Staat Vergleichbares leisten? „Die Kommunen haben kein Geld, also müssen Sie das machen! Das ist Ihre Verpflichtung! Aber Sie bekommen auch etwas dafür!" Vielleicht hat man ja bis 65 im Finanzamt Gerolstein gearbeitet? „Und", fragt Precht provozierend, „haben Sie Anerkennung bekommen?" Und gibt die Antwort gleich selbst: „Nein!" Aber die Anerkennung bekomme man, wenn Achmed nach geduldigem Coachen eine Zwei in Mathe nach Hause bringt. „So könnten Sie wirklich was Tolles machen!" Sonst drohe ein Schreckensszenario, der Zerfall der Gesellschaft. Viele engagierten sich, aber es seien noch zu wenige. Und warum nicht mal die „Beweislast umkehren"? Nix Freiwilligkeit, sondern zwei soziale Pflichtjahre für alle Schulabgänger. Und ein Pflichtjahr für alle Neurentner, sofern sie gesund sind. Ein Jahr halbtags oder wenigstens 15 Stunden die Woche, „so können wir unserem Vaterland wirklich was zurückgeben!".

Langanhaltender Beifall. Dann dürfen Fragen gestellt werden. Nur zwei Zuhörer trauen sich. Eine etwas unbeholfen wirkende Frau mittleren Alters spricht die Wichtigkeit von Vorbildern an und gibt Precht Gelegenheit, sich ein weiteres Mal über die Kultur des Helfens auszulassen, die sich durch Anstecken verbreite. Darüber vergisst er, auf den zweiten Teil ihres Beitrags einzugehen, nämlich auf die Frage, ob „die Wirtschaft" nicht überhaupt nur noch funktioniere, weil es so viele Ehrenamtliche gebe? Ein älterer Mann spricht „die Verführung zum Guten" an und Precht redet weitere Minuten über „positive Zwangsmotivation". Dann, endlich, strömt alles ins Foyer zur Signierstunde.

Die Schlange vor dem Tisch, an dem der Bestsellerautor sitzt, ist lang. Ein Paar aus einem Dorf in der Nähe von Trier, beide berufstätig, die Kinder sind erwachsen, finden die Idee mit dem Pflichtjahr für rüstige Rentner gut, die „haben die beste Zeit der Bundesrepublik erlebt und sollen nicht so egoistisch sein", meint die Frau. Sie arbeitet als Bilanzbuchhalterin und will nach vielen Jahren die Leitung des Gesangsvereins im Ort abgeben, findet aber niemanden, der diese Arbeit übernehmen will. Der Mann ist bei einer Firma, die *Teach First* unterstützt, eine Organisation, die Hochschulabsolventen als eine Art Zusatzlehrer in Schulen schickt. Beide bedauern, dass sich ihr 18-jähriger Sohn nach der Schule nicht zum Bundesfreiwilligendienst gemeldet hat.

Jenseits der Moral – New Public Governance

Warum sollten wir uns unseren Nächsten widmen, den bedürftigen Jungen, Alten, Kranken oder Armen? Moralische, vor allem aus religiösen Werten abgeleitete Appelle ziehen nicht mehr unbedingt. Man muss die „Kultur des Helfens" als quasi unverzichtbar begründen. Klaus Dörner warnt angesichts der alternden Gesellschaft vor einem „explodierenden Hilfebedarf", Richard David Precht entwirft düstere Bilder gesellschaftlicher Desintegration, wenn wir uns nicht rechtzeitig als einzelne Bürgerinnen und Bürger um die Verlierer des Bildungssystems kümmern. Ausschlaggebender als solche Schreckensszenarien aber dürfte sein, dass die meisten Menschen, die sich ehrenamtlich betätigen, selber etwas davon haben: Zufriedenheit wegen eines ihnen sinnvoll erscheinenden Tuns, Dankbarkeit, Anerkennung. Die Goodwill-Industrie begründet ihre eigene Unentbehrlichkeit auch schon mal mit der Behauptung, der Wille zum Engagement sei viel größer als die Gelegenheiten, ihn auszuüben, man müsse schon deshalb die Möglichkeiten zum Engagement ausweiten.

Allgemeingültiger und damit eleganter lassen sich Ehrenamtlichkeit und Freiwilligkeit rechtfertigen, wenn man sie als tragende Elemente einer neuen Vorstellung von Gesellschaft positioniert. Versucht wurde das in den Neunzigerjahren mit dem Konzept einer „Tätigkeitsgesellschaft", in der nicht mehr Erwerbsarbeit, sondern ehrenamtliche oder gering entlohnte „Bürgerarbeit" im Mittelpunkt stand. Nachdem sich erwiesen hatte, dass die Erwerbsarbeitsgesellschaft keineswegs auf dem Müllhaufen der Geschichte gelandet war, musste eine neue gesellschaftsphilosophische Rechtfertigung her für die ständigen Appelle an Bürger, und vor allem Bürgerinnen, sich freiwillig und gratis zu engagieren.

Der Enquete-Kommission Bürgerschaftliches Engagement (1999 bis 2002) diente dazu die „Bürgergesellschaft", die „Vision einer politischen Gemeinschaft, in der nicht allein oder vorrangig der Staat und seine Institutionen für die Zukunft der politischen Gemeinschaft Verantwortung tragen. (. . .) Bürgergesellschaft ist eine Gesellschaft selbstbewusster und selbstverantwortlicher Bürger, eine Gesellschaft der Selbstermächtigung und Selbstorganisation".[62]

Präziser ist die Rollenzuweisung fürs bürgerschaftliche Engagement in Modernisierungsmodellen für staatliches Handeln, die meist englisch unter dem Begriff *New Public Governance* seit etlichen Jahren weltweit das Verhältnis von Staat, Gesellschaft und Ökonomie neu zu definieren suchen. Ihr Ziel ist es, die Effizienz und Effektivität von Verwaltungen zu erhöhen, aber auch die Akzeptanz von Verwaltungshandeln. Steuerungs- und Regelsysteme, Strukturen und Abläufe sollen in Governance-Konzepten nach betriebswirtschaftlichen Kriterien durchleuchtet und optimiert werden. Im Sinne des Ziels einer möglichst „schlanken" Verwaltung beinhalten Governance-Programme Privatisierung, Deregulierung und damit verbunden die Verlagerung staatlicher bzw. öffentlicher Entscheidungskompetenzen auf private „Akteure".

Anders als in klassischen Staats- und Verwaltungsvorstellungen soll der Staat bei der Lenkung und Steuerung gesellschaftlicher Prozesse nicht mehr die ausschlaggebende Rolle spielen. Staat und Kommunen sind nach dieser Vorstellung lediglich gleichberechtigte „Akteure" unter anderen: Familie, Nachbarschaft, Markt, Sozialversicherungsträger, Non-Profit-Organisationen, gewerbliche Anbieter sozialer Dienste, aber auch Unternehmen, die sich im Rahmen von „Corporate Social Responsibility" einbringen, und last not least die ehrenamtlich/freiwillig Engagierten. Als Ergebnis der komplexen Vernetzung dieser unterschiedlichen „Akteure" soll sich „Wohlfahrtsproduktion" einstellen.

---

[62] Enquete-Kommission, a. a. O., S. 76

Dem bürgerschaftlichen Engagement kommt in allen Governance-Varianten eine Schlüsselfunktion zu, angeblich nicht so sehr, weil man auf die (kostengünstige) Arbeit der Engagierten dringend angewiesen ist, sondern aus demokratiepolitischen Gründen – zumindest werden diese gern betont: Indem Staat, Kommunen und andere „Akteure" uns, den Engagementwilligen, helfen, unseren Engagementwunsch umzusetzen, eröffnen sie uns zugleich neue Wege der Partizipation am Gemeinwesen. „Staatliches Tun soll dabei mit Eigeninitiative und Eigenverantwortung der Bürger verbunden werden und eine neue Leistungsaktivierung in allen Stufen der Wertschöpfungskette öffentlicher Leistungen erzielt werden", schreibt Sebastian Braun, Leiter des Forschungszentrums für bürgerschaftliches Engagement an der Berliner Humboldt-Universität. „Entsprechende Schlagworte lauten: Leistungsaktivierung statt Leistungskürzung, Dialog statt Dekret, Koproduktion statt Verhandlung, Selbstorganisation statt hoheitliche Fürsorge oder neue Verantwortungsteilung statt Verantwortungsübertragung."[63]

Governance-Modelle sollen Verwaltungen demokratischer und transparenter machen, aber natürlich auch effektiver, effizienter und kostengünstiger. Wir alle – Staat, Kommunen, Ehrenamtliche und Unternehmen – tragen zur „Wohlfahrtsproduktion" bei; gleichberechtigt und „auf Augenhöhe" rühren wir den „Welfare Mix" an. Soweit die Theorie.

Allerdings habe sich, bedauerte der Deutsche Bundestag in einem Beschluss vom 19. März 2009, „der Leitgedanke einer Bürgergesellschaft als Kooperationsmodell von Staat, Wirtschaft und Zivilgesellschaft bislang noch nicht durchgesetzt".[64]

---

[63] Initiative Neue Soziale Marktwirtschaft (Hrsg.), *Deutschland zum Selbermachen*, München und Zürich, 2007, S. 150
[64] Erster Engagementbericht, S. 5

Schöne neue Welt vor Ort – „Bürgerkommune"

Also klein anfangen. Der Begriff „Bürgerkommune" übersetzt die Elemente von „New Public Governance" auf die lokale Ebene, auf der sich das Leben der Menschen konkret abspielt. Städte und Gemeinden sollen zu „Bürgerkommunen" mutieren, soll heißen: Bürger tun sich zusammen, um zahlreiche bisher vom öffentlichen Sektor gewährleistete Dienste selber zu organisieren. „Die Bürgerkommune wird letztlich von der Einsicht getragen, dass das lokale Gemeinwohl nicht nur von der lokalen Verwaltung als Anbieterin kommunaler Leistungen gewährleistet werden kann. Ein Netz von zahlreichen Akteuren ist für die Gemeinwohlrealisierung auf lokaler Ebene verantwortlich. Dazu zählen die Initiativen und Vereine des Dritten Sektors, die freien gemeinnützigen Träger und auch privatwirtschaftliche Unternehmen. Für kommunale Politik und Verwaltung bedeutet dies auch, dass sie nicht alles selbst machen muss", schreibt der Vorsitzende des Sprecherrats des *Bundesnetzwerks bürgerschaftliches Engagement*, Thomas Olk.[65]

Olk und andere Propagandisten werden nicht müde, „das Potenzial des sozialen Kapitals", das im bürgerschaftlichen Engagement stecke, zu loben. Durch die „wichtige Ressource" Engagement ließen sich die Leistungen der kommunalen Verwaltungen, von Schulen und sozialen Diensten erheblich verbessern, einfach deshalb, weil Bürgerinnen und Bürger eine ganz eigene Kompetenz in die Abläufe einbrächten. Das alles führe nicht nur zu besseren, lebensnäheren Diensten, sondern auch zu mehr Demokratie und stabilerem sozialem Zusammenhalt. Fast schon verschämt und wie nebenbei, quasi im Flüsterton, werden dann auch noch die „ökonomischen Produktivitätseffekte" erwähnt, die „womöglich auch zur Entlastung der kommunalen Haushalte" beitrügen.

---

[65] Thomas Olk, *Die Bürgerkommune. Ein Leitbild für die Verwirklichung der Bürgergesellschaft auf lokaler Ebene.* http://www.buerger-fuer-buerger.de/content/buergergesell-buergerkommune.htm

Ein Besuch im Bergischen Land

Dr. Gero Karthaus (SPD) ist Bürgermeister der Kommune Engelskirchen (20 000 Einwohner) im Oberbergischen Kreis. Hier gründete einst der Vater von Friedrich Engels eine Textilfabrik, die heute Museum ist. Nebenan im Rathaus erläutert der Bürgermeister die Finanzprobleme seiner Kommune, die, wie andere Städte und Gemeinden, von Bund und Ländern mit Pflichtaufgaben betraut wird, ohne dass entsprechende Gelder fließen. Engelskirchen hat daher schon früh damit begonnen, freiwillige Leistungen abzubauen und Infrastruktur auszulagern. Mit dem Ergebnis, dass die Gemeindeverwaltung heute, bezogen auf die Einwohnerzahl, eine der „schlanksten" weit und breit ist. Die Zahl der Gemeindebediensteten wurde innerhalb von 15 Jahren um fast die Hälfte abgebaut. „Ein moderner Dienstleister braucht moderne Strukturen", sagt der Bürgermeister. Und: Er könne guten Gewissens behaupten, es seien keine regulären Arbeitsplätze durch Ehrenamtliche verloren gegangen.

Aber die Wohlfahrtsverbände, Fördervereine und Initiativen, die jetzt die ehemals kommunalen Dienste anbieten, arbeiten zum Teil oder ausschließlich mit Ehrenamtlichen. Beispiel: Die Engelskirchner Kindertagesstätten, die noch vor 10 Jahren in kommunaler Trägerschaft standen, sind heute alle bei Kirchen und Verbänden angesiedelt und stehen regelmäßig beim „Standort-Lotsen", der örtlichen Ehrenamts-Börse, auf der Matte, um Freiwillige zu werben, die den Kleinen vorlesen, mit ihnen spielen und musizieren, bei der Essensausgabe helfen und die Grünanlagen der Einrichtung in Schuss halten.

Allein durch die Übertragung der Arbeiten rund um das Schwimmbad auf einen Förderverein spart die Gemeinde mindestens 20 000 Euro im Jahr. Auch die beiden Büchereien in Engelskirchen und im Ortsteil Ründeroth, von denen sich die Gemeinde 2004 trennen wollte, wurden von Ehrenamtlichen gerettet. Der Förderverein Büchereien für Engelskirchen betreibt sie jetzt in Eigenregie. Wo zuvor mehrere

Halbtagskräfte beschäftigt waren, kümmern sich jetzt 40 Ehrenamtliche um Ausleihe, Organisation, Finanzen und Neubestellungen. Es sind fast ausschließlich Familienfrauen oder Rentnerinnen, die ihre Liebe zur Literatur und die Freude an der Teamarbeit verbindet. Sie entlasten den Gemeindehaushalt um weitere 28 000 Euro jährlich. Karin Stiefelhagen, stellvertretende Vorsitzende des Fördervereins, klagt, es werde immer schwieriger, Engagierte zu finden, weil sich auch im Oberbergischen die traditionellen Familienstrukturen wandeln – Frauen, die bisherigen Stützen des sozialen und kulturellen Ehrenamts, sind häufiger berufstätig als früher, wenn auch oft nur in Teilzeit, wie Stiefelhagen selbst, die im örtlichen Krankenhauses arbeitet. Immerhin schaffte es Engelskirchen 2013, auch noch die Grünpflege auf zwei Friedhöfen an einen ehrenamtlich arbeitenden Verein zu übertragen.[66]

Demokratische Partizipation oder Ausnutzung der Engagierten?

Nach Thomas Olk soll „der Bürger" eine Mischung aus „Auftraggeber" und „Koproduzent" öffentlicher Leistungen sein. Das heißt, die Bürger definieren durch demokratische Prozesse, wie Wahlen oder Mitbestimmung, kommunalpolitische Ziele und sind zugleich an deren Umsetzung beteiligt. „Warum sollen z. B. Schulen für eine Bereicherung des Lehrangebotes und des schulischen Lebens nicht die Mitmachbereitschaften und Engagementpotenziale von Eltern, Schülerinnen und Schülern sowie Vereinigungen und Unternehmen im Umfeld der Schule nutzen? Warum bemühen wir uns nicht stärker darum, etwa im Bereich der Kindertagesbetreuung Kinder und Eltern stärker in die Gestaltung der alltäglichen pädagogischen Arbeit einzubeziehen und damit die Qualität dieser Einrichtungen zu verbessern?"[67]

---

[66] Basiert zum Teil auf meinem Beitrag „Arbeiten für lau", *taz*, 4. 7. 2012
[67] Alle Zitate: Olk, a. a. O.

Das alles passiert schon längst: Eltern streichen Klassenzimmer, Mütter helfen bei der Übermittagsbetreuung in der Kita, privatwirtschaftlich gesteuerte Stiftungen wie Bertelsmann drängen Schulen ihre Gratislernmaterialien auf, ohne dass „die Qualität dieser Einrichtungen" dadurch groß verbessert würde.

Auch Konrad Hummel, ehemaliger Sozialdezernent der Stadt Augsburg und ebenso wie Olk seit langem hauptamtlich in Sachen Ehrenamt unterwegs, kritisiert die Verberuflichung von Diensten wie Schulsozialarbeit, Schuldnerberatung oder Suchtprävention, die seiner Ansicht nach „mit klug vernetzten Ansätzen des Bürgerschaftlichen Engagements mehr, billiger und vernetzter zu haben" wären.[68]

Die Not – die Löcher in den sozialen Netzen, die finanzielle Austrocknung der Kommunen – wird zur demokratischen Tugend umdefiniert.

Mehr Teilhabe, mehr Einfluss, mehr Integration Ausgegrenzter, mehr Partizipation, größere Chancen, unsere Kreativität einzubringen, Qualitätssteigerung der Dienste, Innovationspotenzial der Freiwilligen – der Katalog der segensreichen Folgen ist lang, wenn die Bürger erst einmal die Pflege der lokalen Infrastruktur selber in die Hand nehmen.

Dem angeblich überholten Bild des sozialen Engagements als „Helfen und Dienen" wird die „Neue Freiwilligkeit" gegenübergestellt, eine „neue Kultur des Miteinander-Umgehens", an deren Gestaltung die Freiwilligen beteiligt sind (oder sein sollen), bei der Debatten aufkommen und Organisationen sich infrage stellen lassen müssen. Thomas Olk hebt als „Lernaufgabe" für Verwaltungen hervor, bürgerschaftliches Engagement und die Bürgerinnen und Bürger selbst nicht als Störfaktoren anzusehen, sondern zu lernen, die positiven Effekte des Engagements wertzuschätzen und Hindernisse aus dem Weg zu räumen.

---

[68] http://www.freiwilligen-zentrum-augsburg.de/freiwilligen_zentrum_augsburg_ pdf_files/freiwilligen_zentrum_augsburg_vor_hummel.pdf

Das klingt sympathisch nach partizipatorischer Demokratie, nach „Empowerment" – ein Begriff aus der Entwicklungszusammenarbeit, der von den Propagandisten der „Bürgergesellschaft" gern genutzt wird, wenn sie von „Sphären der Selbstermächtigung" schwärmen, die angeblich geschaffen werden, sobald die Bürger „in die öffentliche Leistung und Aufgabenerfüllung eingebunden" sind.

Der semantisch-symbolische Gehalt basisdemokratischer Begriffe wird geschickt genutzt, um den Abbau kommunaler und wohlfahrtsstaatlicher Infrastruktur zu bemänteln. Die Grenzen zu Formen partizipatorischer Demokratie wie „Runde Tische", „Planungszellen" oder gar Bürgerbegehren oder Volksentscheide werden angeblich fließend. Das *Netzwerk Gemeinsinn*, eines der zahlreichen Internetportale rund ums bürgerschaftliche Engagement vermittelt Fortbildungen zu „Community Organizing", einem basisdemokratischen Vernetzungsmodell nach Vorbildern der US-amerikanischen Gewerkschafts- und Bürgerrechtsbewegung.

Bei den Freiwilligendiensten ist in den Seminargruppen die Wahl von Sprechern vorgesehen, aber solche Art Interessenvertretung „ist nicht bei allen Trägern üblich", wie es in einem Handbuch zum Freiwilligen Sozialen Jahr heißt. Inwieweit Engagierte tatsächlich ihre Interessen einbringen können, Abläufe beeinflussen und über Inhalte mitbestimmen, hängt davon ab, ob die jeweilige Institution dafür offen ist, vor allem, ob die meist überlasteten Hauptamtlichen überhaupt Zeit und Energie übrig haben, um auf Wünsche, Anregungen oder Vorschläge der Ehrenamtlichen einzugehen.

„Aktive Bürgerschaft"?

„Das Versprechen des Wohlfahrtsstaates, wie es in der Phase der Expansion galt, ließ wenig Raum für aktive Bürgerschaft", konstatiert der Erste Engagementbericht der Bundesregierung. Unter aktiver Bürgerschaft verstehen die Meinungsmacher sowohl demokratische Mitbestimmung über

Prozesse und Inhalte wie auch das Einbringen innovativer Vorstellungen, wie zum Beispiel das Leitbild vom „mündigen Patienten", das über die Selbsthilfebewegung im Gesundheitswesen bis auf die Schulmedizin ausgestrahlt hat. „Die Bürgerin bzw. der Bürger wird nicht nur als Leistungsempfänger und Konsument, sondern als aktiver, eigensinniger und relativ selbstbestimmter Koproduzent im System des gesellschaftlichen Bedarfsausgleichs betrachtet", säuselt es im „Engagementbericht".[69]

Schaut man sich in der real existierenden Landschaft der „Bürgerkommune" um, fällt das ganze Begrifflichkeitspanorama von „Aktivbürgerschaft", „Bürgerinitiative", „Selbstorganisation", „Nachbarschaftshilfe" und wie die hehren Begriffe alle lauten, meist schnell in sich zusammen und man hört Vorschläge wie „Anwohner gestalten Baumscheiben in ihrer Strasse selber, statt aufs Grünflächenamt zu warten". In der Praxis erinnern sich Politik und Verwaltung erst an die „aktiven" Bürger, wenn es mit den Kommunalfinanzen bergab geht. Wer dann in diesen Gemeinden noch Wert auf ein Schwimmbad legt, soll es doch bitteschön selber betreiben. Oder zumindest die Eintrittskarten verkaufen und die Grünpflege in die Hand nehmen.

Die „Wutbürger" am Stuttgarter Hauptbahnhof werden jedenfalls nicht als „Koproduzenten im System des gesellschaftlichen Bedarfsausgleichs" betrachtet. „Demokratie" und „Eigensinn" stoßen schnell an Grenzen, sobald der „Eigensinn" der Bürger kommerziellen Interessen ins Gehege kommt. Mitbestimmungswünsche und Gestaltungspotenzial dürfen sich dagegen gern an defizitären Bibliotheken und Schwimmbädern austoben. Aber die wollen die Bürger nicht erhalten, weil es sie nach „eigenwilliger Koproduktion" drängt, sondern weil sie diese Einrichtungen nicht vor die Hunde gehen lassen wollen. Dafür spenden sie Zeit und Geld, die sie sonst sicher gern anderweitig verwenden würden.

---

[69] Erster Engagementbericht, S. 194

Die Kommunen sind bettelarm – nur die Geschäftsführer der kommunalen Eigenbetriebe verdienen sich doll und dusselig, Jahresgehälter im sechsstelligen Bereich sind dort üblich und werden mit der „großen Verantwortung", die man habe, gerechtfertigt. Und nicht nur die Geschäftsführer, auch andere profitieren von der Privatisierung städtischer Betriebe. Wie der Honorarskandal um den SPD-Kanzlerkandidaten Peer Steinbrück zeigt, der im November 2011 für die Teilnahme an einer Veranstaltung der Stadtwerke Bochum 25 000 Euro Honorar kassierte – vom kommunalen Eigenbetrieb einer notorisch klammen Ruhrgebietsstadt mit vielen verarmten Menschen, ungepflegten Parks und nur noch eingeschränkten Spielmöglichkeiten für die Städtischen Bühnen.

Gemeinnützig – oder einfach nur gemein? Engagement und Arbeitsmarkt

Ein Tag bei ver.di

Ein imposantes Halbrund aus Glas und glasiertem Backstein am Spreeufer, die Bundesverwaltung der *Vereinten Dienstleistungsgewerkschaft ver.di* in Berlin entspricht der Bedeutung dieser nach der IG Metall größten deutschen Gewerkschaft. Die Sitzungsräume im Tiefparterre heißen „Nabucco" oder „Othello" – der Opernkomponist lässt grüssen. Die rund 60 Menschen, die sich an diesem trüben Novembertag im Raum „Aida" versammelt haben, sehen eher nicht nach Opernpublikum aus. Zur „Tagung für aktive Erwerbslose – Schein-Ehrenamt oder Engagement" sind überwiegend „Betroffene" nach Berlin gekommen. Viele der Menschen, die jetzt hier zwischen Grünpflanzen und moderner Konferenztechnik sitzen, sind um die oder jenseits der Lebensmitte, einige übergewichtig, andere haben Zahnlücken. Es sind Frauen und Männer, die der reguläre Arbeitsmarkt abweist, die aber nicht resignieren, sondern sich mit kleinen Beschäftigungen finanziell oder mit ehrenamtlicher Arbeit in Arbeitslosen-Initiativen über Wasser halten. Ver.di bietet ihnen in Fachgruppen auf Länder- und Bundesebene eine politische Repräsentanz. Als ich eintreffe, diskutieren sie gerade über den Vortrag von Gisela Notz „Soziale Dienstleistungen zwischen Erwerbsarbeit und Engagement". Notz, Jahrgang 1942, bis 2007 wissenschaftliche Referentin am Historischen Forschungszentrum der Friedrich-Ebert-Stiftung, gehört zu dem überschaubaren Kreis von Wissenschaftlern und Wissenschaftlerinnen, die ihr Geld nicht mit der Glorifizierung ehrenamtlicher Arbeit verdienen, sondern im Gegenteil die

„Nutzbarmachung ehrenamtlichen Engagements" durch Staat und Wohlfahrtsverbände kritisieren.[70]

Einige der Diskutierenden reden wie gedruckt, bei anderen fällt es schwer, herauszuhören, was sie eigentlich sagen wollen. Bei manchen hat sich Wut angestaut, die in unterschwelliger Aggression oder auch offen zum Ausdruck kommt. Eine Frau berichtet, wie sie als „Ein-Euro-Jobberin" im Auftrag der Diakonie Demenzkranke betreute, ein Mann, dass ihn, der dringend eine Erwerbsarbeit sucht, die Arbeitsagentur Leipzig zur Teilnahme am dortigen Ehrenamts-Tag gedrängt habe.

Es fällt das Stichwort „Dorfladen-Bewegung" in Gemeinden, in denen Einwohner kleine Läden mit Alltagsbedarfsartikeln betreiben, weil sich die Handelsketten mangels Umsätzen aus der Fläche zurückgezogen haben. Da bricht es wütend aus einem Mann mit silbergrauer Künstlermähne und lässig über die Schulter geworfenem Schal heraus:

„Die machen doch Kohle mit den Dorf-Läden! Nonprofit, da kann ich nur lachen! Die machen eine Scheiß-Kohle. Und wer davon profitiert, kann ich Ihnen auch sagen. Die Quandts, die spekulieren an allen Börsen gegen uns Erwerbslose. Da müssen wir absolut gegen angehen, den Herrschaften auf die Füße treten, dass es kracht!"

Vom Sozialstaat zum Mildtätigenwesen

Professor Stefan Selke hatte das Stichwort „Dorfläden" als positives Beispiel für eine Form der ehrenamtlichen Selbsthilfe eingebracht, nun referiert er zum Thema „Tafeln". Der Sozialwissenschaftler mit rasiertem Schädel und modischer Brille befasst sich seit Jahren kritisch mit diesen „Chiffren gesellschaftlichen Mangels". Selke sieht die Propaganda-Maschinerie auf allen Ebenen am Werk: Er zitiert ein EU-Papier von 2007, in dem es um die Aktivierung „brachliegender Potenziale" von Freiwilligkeit ging. Die deutsche Po-

---

[70] Notz, a. a. O., S. 59

litik habe diese „Heilserwartungen umgesetzt" und spreche von „Engagement-Aufbrüchen", auch das ein von einer PR-Agentur geprägter Begriff. „Aus latenten Bereitschaftspotenzialen und spontanen Hilfsimpulsen werden systematisch berechenbare Hilfeleistungen" gemacht, rügt der Professor. Selke sieht einen kulturellen Wandel in Gang oder bereits vollzogen. Mit „freiwilligem Engagement als Energieform" finde eine „Deinstitutionalisierung" bzw. „Privatisierung des Sozialen" statt. „Wir werden nach und nach sozialisiert in Richtung auf Umsonst-Arbeit – wer kommt da noch auf den Gedanken, dass Arbeit bezahlt werden muss?", fragt Selke rhetorisch in die Runde und konstatiert „eine schleichende Veränderung des Referenzrahmens". Wir haben es mit „shifting base-lines" zu tun, der Veränderung eines gesellschaftlichen Standards – vom Sozialstaat zum Mildtätigenwesen. Von Freiwilligkeit der „freiwilligen Arbeit" könne angesichts des aufgebauten Drucks immer weniger die Rede sein, Freiwilligkeit werde langsam, aber sicher zu einem neuen Zwang.

Ist das ein Ehrenamt? Oder ein Job im Niedrigstlohnsektor?

Bürgerschaftliches Engagement, freiwillige Tätigkeit werden von den Befürwortern gern als Arbeit sui generis definiert. Wer sich ehrenamtlich für andere engagiert, bringt angeblich automatisch eine besondere Qualität der Zuwendung ein, eine einzigartige „Energieform", die unbezahlbar sei und daher deutlich von bezahlter Arbeit zu unterscheiden. Ehrenamtliche Tätigkeit sei komplementär und zusätzlich zu beruflicher Arbeit anzusehen. Arbeitsmarktpolitisch übersetzt heißt das: Freiwillige, ehrenamtliche Tätigkeit darf Erwerbsarbeitsplätzen keine Konkurrenz machen, soll „arbeitsmarktneutral" sein. In Paragraph 3 des Gesetzes über den Bundesfreiwilligendienst steht, die Freiwilligen sollten in „überwiegend praktischer Hilfstätigkeit in gemeinwohlorientierten Einrichtungen" beschäftigt werden. Der Absatz schließt mit den

Worten: „Der Bundesfreiwilligendienst ist arbeitsmarktneutral auszugestalten." Auch über die anderen Dienste wie Freiwilliges Soziales Jahr kann man lesen: „Die Freiwilligen verrichten unterstützende, zusätzliche Tätigkeiten und ersetzen keine hauptamtlichen Kräfte."[71]

Der zusammen mit der Wehrpflicht abgeschaffte Zivildienst sollte dem Anspruch nach ebenfalls arbeitsmarktneutral sein. Faktisch aber waren viele Zivis mit Pförtner- und Fahrdiensten oder Küchen- und Kantinenhilfe beschäftigt, also mit Arbeiten, für die eigentlich bezahltes Personal hätte eingestellt werden müssen. Da viele ehemalige Anbieter von Zivildienststellen umstandslos nunmehr „Bufdis" statt „Zivis" beschäftigen, besteht der Verdacht, dass auch beim Bundesfreiwilligendienst die Sache mit der Arbeitsmarktneutralität eher locker gesehen wird.

Das belegt auf der ver.di-Konferenz der Arbeitsrechtsexperte beim DGB-Bundesvorstand Peter Klenter. Wie schon beim Zivildienst gebe es auch beim BFD einen großen Anteil von Tätigkeiten des „Hol- und Bringdienstes", Hausmeisterarbeiten und Hilfsdienste in der Krankenpflege. Es geht also häufig eher um Basistätigkeiten und nicht um zusätzliche unterstützende Arbeiten. Als Bufdi ist man wie zuvor die Zivis häufig in Dienstpläne integriert und damit im Prinzip weisungsgebunden, was nun der Freiwilligkeit ganz und gar nicht entspricht.

Klenters Kollege Berno Schuckart-Witsch von ver.di Hamburg hat weitere Beispiele auf Lager: Kindertagesstätten, die Küchenhilfen und Personen suchen, die mit den Kindern rumtollen und sie begleiten, unentgeltlich, 40 Stunden in der Woche, oder eine Suchtklinik, in der Ehrenamtliche ebenfalls voll in die Abläufe integriert sind. Eigentlich erfüllt das alles rechtlich die Kriterien eines Arbeitsverhältnisses – nur dass man entweder gar nichts verdient oder als Bufdi höchstens 336 Euro im Monat (Stand 2012). Anders als zu-

---

[71] Internetportal „www.pro-fsj.de"

vor für die Zivildienstleistenden gibt es für Bufdis keinen Rechtsanspruch auf Unterkunft, Verpflegung oder entsprechende geldwerte Leistungen.

Viele Tätigkeiten in den Freiwilligendiensten ebenso wie vieles andere, was unter ehrenamtlicher Tätigkeit mit Aufwandsentschädigung läuft, sind de facto Jobs im Niedriglohnsektor. Überwiegend werden sie verrichtet in Bereichen, die durch hohe Belastung, extremen Personalmangel und strukturelle Unterfinanzierung gekennzeichnet sind und in denen Gehälter ohnehin schmal ausfallen – bei den Wohlfahrtsverbänden liegen sie im Schnitt zehn bis 15 Prozent unter den entsprechenden, auch nicht üppigen Tarifen für den öffentlichen Dienst.

Sozialverbände in der Kostenklemme

Für Wohlfahrtsverbände wie die evangelische *Diakonie* ist Ehrenamtlichkeit schon lange eine „strategische Notwendigkeit", weil sie in der ihnen von der Politik auferlegten Konkurrenz- und Wettbewerbssituation nur durch Senkung der Personalkosten bestehen können. Im Jahre 2010 beschäftigte die Diakonie bundesweit über 700 000 Ehrenamtliche, 74 Prozent davon Frauen, acht Prozent erwerbslos Gemeldete. Hauptamtliche, also entlohnte Kräfte, gab es zur gleichen Zeit 453 000.[72] Nicht ganz so stark stützen sich die anderen Wohlfahrtsverbände auf die Ehrenamtlichen bzw. Freiwilligen. Bei der *Caritas* lautet das Zahlenverhältnis Haupt- zu Ehrenamtlichen bundesweit 559 000 zu 500 000, bei der *Arbeiterwohlfahrt* sind es 173 000 zu 70 000.[73]

Der entkernte Sozialstaat und seine Träger stützen sich auf dieses euphemistisch „Bürger-Profi-Mix" (Klaus Dörner) genannte Modell. Es ist aber schon jetzt nicht mehr funktionsfähig. Burnout und Überlastung bei gleichzeitig schlech-

---

[72] *Wikipedia*, Stichwort „Diakonie Deutschland" und Angaben der Gewerkschaft ver.di
[73] „www.caritas.de" und „www.awo.org" [aufgerufen am 24. 2. 2012]

ter Bezahlung führen zu chronischem Arbeitskräftemangel in Pflegeberufen und in Kindertagesstätten. Freiwillige können die Lücken auf Dauer nicht füllen, denn obwohl die Werbetrommel unentwegt gerührt wird, ist der „Markt" für ehrenamtliche Kräfte ziemlich abgegrast.

Ein Stück weit Entlastung versprechen die „Dienste", nicht nur, weil sie den Einsatz der Freiwilligen plan- und berechenbarer machen. Zugleich bieten sie durch kleinere Geldbeträge einen monetären Anreiz. Der seit 2011 bestehende Bundesfreiwilligendienst trägt dazu bei, die Grenzen zwischen „monetarisiertem Ehrenamt" und dem wachsenden Sektor prekärer Beschäftigung weiter zu verwischen. Ein Jahr nach der Einführung des BFD freute sich die Bundesregierung 2012, dass der neue Dienst so gut angenommen wurde und alle 35 000 Plätze belegt waren. Kein Wunder, sagen die Gewerkschaften. In den ostdeutschen Bundesländern ist der BFD eine Alternative zur Arbeitslosigkeit. Indiz dafür ist, dass sich dort viele über 27-Jährige melden, also Menschen in einem Alter, in dem man bei einer normalen Erwerbsbiographie beruflich gerade Fuß fasst, in den ostdeutschen Bundesländern mit ihrer weit über dem Durchschnitt liegenden Arbeitslosigkeit aber wenig Chancen hat. Seit dem 1. Januar 2012 gelten Erleichterungen für Hartz-IV-Bezieher, die sich zum BFD gemeldet haben; sie dürfen vom BFD-Taschengeld 175 Euro zusätzlich zu ihren Arbeitslosengeld II-Bezügen behalten und sind während ihrer Dienstzeit nicht gezwungen, angebotene Erwerbsarbeit anzutreten. Diese Erleichterungen sind natürlich objektiv betrachtet ein weiteres Indiz dafür, dass hier ganz legal Arbeit zu sittenwidrigen Niedriglöhnen geleistet wird, außerhalb jedweder Mindestlohnregelung oder tariflichen Bestimmung.

Bufdis, FSJler, Teilzeitkräfte, Leiharbeiter, 450-Euro-Jobber unterhalb der Versicherungspflichtgrenze, Honorarkräfte, Praktikanten, Menschen mit „Arbeitsgelegenheiten mit Mehraufwandsentschädigung" (sogenannte Ein-Euro-Jobs), Ehrenamtliche mit und ohne „Aufwandsentschädigung" – oft haben Betriebs- bzw. Personalräte oder Mitarbeitervertreter keinen Überblick mehr darüber, welche Beschäftigte zu welchen Konditionen in Kitas, Kliniken, Sozialstationen, Altenheimen oder Behinderten-Werkstätten arbeiten. Alle profitieren von diesem zersplitterten, völlig intransparentem Arbeitsmarkt, die traditionellen Träger von Einrichtungen und die neuen privaten Betreiber von Kliniken, wie Fresenius, Asklepios, Helios oder Rhön-Klinikum. Nur die dort Beschäftigten profitieren nicht. Das ist „die Kehrseite der Philosophie der Nächstenliebe".[74]

„Monetarisierung" des Ehrenamts – wie man Erwerbslose verschwinden lässt

Seit Beginn der Massenarbeitslosigkeit in Deutschland hat man vergeblich versucht, die Arbeitslosen zu verstärktem bürgerschaftlichen Engagement zu motivieren (die haben doch soviel Zeit!), meist vergeblich. Fürs Ehrenamt zu begeistern sind nur die, die auch schon vor der Arbeitslosigkeit entsprechend engagiert waren.

Mit der Umgestaltung des Arbeitsmarkts 2003 („Agenda 2010") setzte eine enorme Vermischung zwischen der auf Freiwilligkeit beruhenden Ehrenamtlichkeit und den vom „fordernden" Sozialstaat ausgeübten Zwängen ein. 2006 entdeckte mancher Träger im Sozialen oder im Kulturbereich, dass ihn Ein-Euro-Jobber sogar billiger kamen als Ehrenamtliche. Wenn er irgendeine Form von Aufwandsentschädigung zahlte, und seien es nur die Fahrtkosten, so bekam er für jeden Ein-Euro-Jobber zwischen 100 und 250 Euro im Monat an Zuschüssen. Viele Ehrenamtliche in einfachen Tätigkeiten wurden so durch Ein-Euro-Jobber verdrängt.[75]

Vor allem Wohlfahrtsverbände sind erfinderisch, wenn es darum geht, Personalkosten zu sparen. 2010 wurde eine Pra-

---

[74] Berno Schuckart-Witsch von ver.di Hamburg auf der Tagung „Schein-Ehrenamt oder Engagement", 21. 11. 2012
[75] *taz*, 18. 9. 2006

xis unter anderem der Arbeiterwohlfahrt bekannt, prekär Beschäftigte, die zum Beispiel mit 400-Euro-Jobs in der Altenpflege tätig waren, zusätzlich sozialversicherungsfrei als „Ehrenamtliche" zu beschäftigen und sie dafür in Höhe der „Übungsleiterpauschale" des Steuerrechts zu entschädigen, nach der nebenberufliche/ehrenamtliche Trainer in Sportvereinen, Chorleiter, aber auch Erzieherinnen und Betreuerinnen für den nebenberuflichen Einsatz bis zu 175 Euro im Monat steuerfrei einnehmen dürfen. Der Trick bestand darin, die Mini-Jobs um genau diesen Betrag aufzustocken. Weil die Arbeitszeit ebenfalls aufgestockt wurde, blieben die meisten der so Beschäftigten unterhalb der Niedriglohnschwelle, die 2010 bei 9,50 Euro in Westdeutschland und 6,87 Euro im Osten lag. Geld, das für die Förderung des Ehrenamts gedacht war, entlastete so die Kassen der Wohlfahrtsverbände und vergrößerte zugleich die Zahl prekärer Beschäftigungsverhältnisse.

Auch das vom Bundesarbeitsministerium, dem BMA, im Jahre 2010 angeschobene Modellprojekt „Bürgerarbeit" trägt schon durch seinen Namen dazu bei, die Grenzen zu verwischen zwischen freiwilligem Engagement und *workfare*-Praxis in angelsächsischen Ländern, wonach Sozialleistungsbezieher zu Arbeitseinsätzen verpflichtet werden. Das seit Januar 2011 laufende Modellprojekt für 34 000 Langzeitarbeitslose, die nach entsprechender Schulung im „gemeinnützigen Sektor" sozialversicherungspflichtig beschäftigt und mit rund 900 Euro netto monatlich entlohnt werden, greift auf die einst von Ulrich Beck popularisierten Begriffe wie „Bürgergeld" und „Bürgerarbeit" zurück. Im Unterschied zu den Neunzigerjahren soll das heutige Modell aber nicht dem Einstieg in den Ausstieg aus der Erwerbsarbeitsgesellschaft dienen, sondern im Gegenteil Langzeitarbeitslosen den Weg zurück in den ersten Arbeitsmarkt ebnen. Das Geld dafür kommt je zur Hälfte aus Bundesmitteln und aus dem Europäischen Sozialfonds. Das Modell ist befristet und läuft Ende 2014 aus.

Als die Gewerkschaft ver.di die Meinung vertrat, die so Beschäftigten müssten nach den Tarifverträgen des öffentlichen Dienstes entlohnt werden, empfahl das BMA den beteiligten Kommunen, die „Bürgerarbeiter" von Beschäftigungsgesellschaften auszuleihen und sie als Leiharbeiter einzusetzen.[76] Hauptsache, einige Langzeitarbeitslose verschwinden aus den Statistiken.

Arbeitsmarkt – wenn ja, wie viele?

Parallel dazu hat die konservativ-liberale Bundesregierung die Mittel für Ein-Euro-Jobs drastisch zusammengestrichen und die alten Arbeitsbeschaffungsmaßnahmen (ABM) ganz beerdigt, weil beides in den wenigsten Fällen zu einer dauerhaften Integration in den ersten Arbeitsmarkt geführt habe. Aber auch, weil örtliche Unternehmen und Handwerksbetriebe gegen die subventionierte Konkurrenz Stimmung machten. So gerieten Beschäftigungsfördergesellschaften in die Kritik, deren Beschäftigte Fahrräder und Elektroartikel reparierten oder Restaurants betrieben.

Öffentlich bezuschusste, reguläre Dauerbeschäftigung in Beschäftigungsfördergesellschaften ist aber kaum verzichtbar, denn viele Langzeitarbeitslose finden aus gesundheitlichen oder Altersgründen keinen Anschluss an den ersten Arbeitsmarkt. Dennoch verrichten sie gesellschaftlich nützliche Arbeit. Zum Beispiel als „Quartiershelfer", die in Kommunen Spielplätze und öffentliche Toiletten warten, Stadtteilfeste organisieren oder Schulen restaurieren. Die Kölner *Gesellschaft für Arbeits- und Beschäftigungsförderung* wurde 2009 komplett von der Stadt übernommen, um deren Angebote in die kommunalen Dienstleistungen zu integrieren. Sicher teurer, als zum Beispiel Ehrenamtliche für die Spielplatzpflege einzuwerben, gesellschaftspolitisch aber sinnvoll, weil so auch Menschen integriert werden, die der erste Arbeitsmarkt konstant abweist.

---

[76] Gisela Notz, *Freiwilligendienste für alle*, a. a. O., S.78

Auffallend ist übrigens, dass der „Zweite Arbeitsmarkt" nicht als unlautere Konkurrenz empfunden wird, so lange er „Care"-Arbeiten vergibt, also Sorge- und Pflegetätigkeiten an Menschen. Offenbar laufen die außer Konkurrenz, niemand kommt auf den Gedanken, Wohlfahrtsverbände, Kitaträger oder Kliniken zu verklagen, weil Teile der Arbeit auf Freiwillige oder Ein-Euro-Jobber verlagert wurden.

Ohne Ehrenamtliche geht gar nichts mehr?

Ehrenamtlichkeit, sich freiwillig und unbezahlt für die eigenen Interessen und die der Kolleginnen und Kollegen einzusetzen, hat auch in den Gewerkschaften eine lange Tradition. Ehrenamtlich tätig sind gewählte Vorstände auf unteren Ebenen, Mitglieder von diversen Ausschüssen oder gewerkschaftliche Vertrauensleute in Büros und Betrieben, Funktionäre also, die nicht hauptamtlich für die Gewerkschaft arbeiten. Jetzt erlebe man die Verkehrung des Begriffs, so Wolfgang Uellenberg, Bereichsleiter Politik und Planung bei der ver.di-Bundesverwaltung: Ehrenamtlichkeit, Spenden und andere Formen individueller Nächstenliebe träten an die Stelle sozialstaatlicher Rechte und des Rechts auf Bildung.

Ohne Ehrenamtliche, Freiwillige und 450-Euro-Kräfte bricht alles zusammen? Bei der ver.di-Tagung ist man sich einig. Die Ausgangsfrage kann nicht lauten: Wie können wir noch mehr Geld sparen? Sondern: Was ist gute Pflege? Was ist gute Bildung? Was brauchen wir für die Qualitätssicherung in diesen Bereichen? Jedenfalls nicht noch mehr Freiwillige, sondern mehr gut ausgebildetes und auch besser bezahltes Personal.

Öffentliche Armut – privater Reichtum

Ja, das kostet Geld. Und die Kassen sind doch leer! „Sie wurden geleert", sagt Wolfgang Uellenberg, vor allem durch massive Steuersenkungen seit den Neunzigerjahren. Nur die Verbrauchssteuern, die alle gleichermaßen zahlen müssen, wurden über die Jahre angehoben, Mehrwertsteuer, Energiesteuer, Tabaksteuer, Versicherungssteuer, Lottosteuer. Sie können die massiven Steuersenkungen für Unternehmen und Besserverdienende nicht ausgleichen: Die Vermögenssteuer wurde ausgesetzt; der Spitzensteuersatz der Einkommenssteuer von 53 Prozent auf 42 Prozent vermindert (seit 2005 gilt ein Spitzensteuersatz von 45 Prozent ab einem zu versteuernden Jahreseinkommen von 250 000 Euro); Unternehmenssteuern, wie Gewerbesteuer und Körperschaftssteuer, wurden abgesenkt; Firmenverkäufe nicht mehr besteuert; Steuern auf Kapitalerträge und Erbschaften gesenkt und für den verbleibenden Rest allerhand Ausnahmeregelungen und „Gestaltungsmöglichkeiten" geschaffen, so dass manches Unternehmen und mancher Millionär ganz legal gar keine Steuern zahlen.[77] Und andere nicht mehr ausreichend kontrolliert werden, weil natürlich auch Finanzämter und Steuerfahndungsbehörden personell unterbesetzt sind (vielleicht sollte man mal ein paar Freiwillige da reinschicken?). Ja, die öffentlichen Kassen sind leer, das Gemeinwesen ist ausgeplündert, aber die privaten Schatullen weniger sind gut gefüllt.[78]

---

[77] Ulrike Herrmann ätzt in einem *taz*-Kommentar, man könne annehmen, Raucher seien reich, weil die Tabaksteuer in ungefähr gleicher Höhe wie die Körperschaftsteuer auf Aktiengesellschaften und GmbHs anfalle („Der Arme ist der Dumme", *taz*, 13. 5. 2011)

[78] Einzelne Beiträge der ver.di-Tagung vom 21. 11. 2012 unter: https://erwerbslose.ver.di.de/prekaere-arbeit

Miese und Millionen –
Armut, Reichtum, Engagement

Reichtum und Armut wachsen synchron

Während die Bundesregierung den neuen *Armuts- und Reichtumsbericht*, der bereits im Herbst 2012 vorlag, bis zum Frühjahr 2013 unter Verschluss hielt, um Aussagen über die gesellschaftliche Spaltung zu entschärfen, sickerte durch, dass auch in diesem jüngsten Bericht der Trend bestätigt wird, der sich schon länger abzeichnet: Die Deutschen werden immer reicher. Das Nettovermögen privater Haushalte, also Geldvermögen, Anteile an Betriebsvermögen, Immobilien und Ansprüche aus Betriebsrenten, hat sich demnach innerhalb von 20 Jahren mehr als verdoppelt: Von 4,6 Billionen auf zehn Billionen Euro (eine Zehn mit zwölf Nullen!) – Finanzkrise hin, EURO-Krise her. Allerdings werden nicht alle in Deutschland lebenden Menschen reicher. Denn synchron mit der wunderbaren Geldvermehrung bei wenigen wächst die Zahl der Armen oder von Armut Bedrohten. Arm oder von Armut bedroht ist, wer weniger als 60 Prozent des mittleren Einkommens der Gesamtbevölkerung zur Verfügung hat. Diese Grenze lag 2011 bei 848 Euro monatlich, 15,1 Prozent der Bevölkerung erreichten sie nach Berechnungen des Statistischen Bundesamts nicht. Sechs Jahre zuvor lag die Quote noch bei 14,5 Prozent.[79] Die Vermögenskonzentration bei den „oberen" zehn Prozent hat sich von 45 Prozent des Gesamtvermögens 2002 auf 53 Prozent im Jahr 2012 erhöht. 50 Prozent der Haushalte erfreuen sich an 99 Prozent des Vermögens, für die andere, die „untere" Hälfte

---

[79] *Kölner Stadt-Anzeiger*, 14. 9. 2012

der Bevölkerung bleibt lediglich ein Prozent der ganzen Herrlichkeit.[80]

Das *Deutsche Institut für Wirtschaftsforschung* (DIW) kommt sogar zu noch dramatischeren Zahlen, was die Vermögenskonzentration anbelangt. Laut DIW verfügen zehn Prozent der Bevölkerung über zwei Drittel der Vermögenswerte.[81] Parallel zum privaten Reichtum wächst der Schuldenstand der öffentlichen Haushalte. 2 025 Billionen Euro Miese hatten Bund, Länder und Gemeinden im Herbst 2012 angehäuft. Sollte da etwa ein Zusammenhang mit der langjährigen Politik der Steuersenkungen bestehen? Ausgeschlossen, wo die Ursachen doch eindeutig in der staatlichen Ausgabenpolitik liegen, sagen unsere Marktradikalen. Deshalb werden jetzt auf allen Ebenen sogenannte Schuldenbremsen eingebaut. Ab 2020 gilt zum Beispiel eine verbindliche Schuldengrenze für den Haushalt des Landes Nordrhein-Westfalen. Wie die ohne Steuererhöhung einzuhalten ist, weiß der Düsseldorfer CDU-Fraktionschef Karl-Josef Laumann: Das erfordere „ein neues Gesellschaftsbild", seine Fraktion werde ein Konzept vorlegen, „für ein NRW, das mit dem Geld auskommt". Wie? Das ehrenamtliche Engagement der Bürger werde immer wichtiger.[82]

Reiche geben zurück?

Wenn man nur ein Fünftel des Privatvermögens in Form eines „Lastenausgleichs" einzöge, könnte man freilich die öffentlichen Haushalte auf einen Schlag sanieren. Das hat es in der Bundesrepublik schon einmal gegeben. Im Lastenausgleichsgesetz der Nachkriegsjahre wurden gar 50 Prozent des Vermögens der damaligen Bundesbürger eingezogen, aller-

---

[80] *Süddeutsche Zeitung*, 19. 9. 2012

[81] Heike Langenberg, „An Geld mangelt es nicht", *ver.di publik*, 7/2012

[82] *Kölner Stadt-Anzeiger*, 19. 7. 2012. Die NRW-CDU schlägt zum Beispiel vor, die gerichtlich angeordnete Betreuung von Menschen ohne Geschäftsfähigkeit komplett auf Ehrenamtler umzustellen.

dings gestreckt auf dreißig Jahre. Der Regierungschef damals hieß Konrad Adenauer.

Aber gemach, die Reichen sind ja keine Unmenschen, sie sind ja dankbar und geben schon selber freiwillig zurück, ein bisschen zumindest.

„Immer mehr Bürger wollen Gutes tun und bringen ihr Vermögen in eine Stiftung ein", hieß es in einer Veröffentlichung zum „Kölner Stiftungstag" im Oktober 2012, das entspreche dem „Wunsch vieler Bürger, mitzubestimmen, wie und wo ihr Vermögen wirken soll".

Nach bisherigem Demokratieverständnis ist es zwar Aufgabe der gewählten Volksvertretung, über den Staatshaushalt zu bestimmen, also darüber zu befinden, welche öffentlichen Mittel wofür eingesetzt werden. Die Steuergesetzgebung der vergangenen Jahrzehnte hat die Reichen reicher gemacht, die Mittelschicht ausgedünnt und den Staat arm. Nun bestimmen also „die Bürger" – de facto ein sehr kleiner Bruchteil aller Bürgerinnen und Bürger – darüber, wofür es Geld gibt und wofür nicht, für welche Ziele sie Teile „ihres" Vermögens hergeben. Vermögen, das sie durch Gründung einer Stiftung noch besser vor dem Zugriff des Fiskus schützen können, wie die *Deutsche Gesellschaft für Stiftungsförderung* diskret andeutet, die Stiftungswilligen auf ihrer Webseite die Dienste „renommierter Fachanwälte und erfahrener Steuerberater" andient.

Das passt gut zu der von Peter Sloterdijk 2009 vom Zaun gebrochenen Debatte über die „Enteignung qua Einkommenssteuer". Sloterdijk träumte damals öffentlich von einer „Revolution der gebenden Hand", der „Abschaffung der Zwangssteuern und deren Umwandlung in Geschenke an die Allgemeinheit – ohne dass der öffentliche Bereich deswegen verarmen müsste".[83] Hoffentlich schenkt ihm, wenn diese „Revolution" einmal stattfindet, die „gebende Hand" regel-

[83] *Frankfurter Allgemeine Zeitung*, 13. 6. 2009

mäßig sein bisher noch aus der Staatskasse bezahltes Gehalt als Rektor der Karlsruher Hochschule für Gestaltung.

Noch 'ne Revolution von oben –
„Bedingungsloses Grundeinkommen"

„Wer nicht um seine eigene Existenz fürchten muss, wer sein Grundauskommen hat, der kann großzügig und gelassen sein hinsichtlich der Unterschiede zwischen Arm und Reich", schreibt der Unternehmer und Gründer der Drogeriemarktkette *dm*, Götz Werner.[84]

Seit 2005 setzt sich Werner landauf, landab für die Idee ein, jedem Einwohner eines Landes monatlich eine bestimmte Geldsumme zu überweisen – ohne dass dafür gearbeitet werden muss oder die Bedürftigkeit geprüft wird. Auf Deutschland übertragen soll das „Bedingungslose Grundeinkommen" alle bisherigen staatlichen Transferleistungen bündeln und ersetzen, also Arbeitslosengeld, Hartz IV, Kindergeld, Grundsicherung usw., ohne dass die Menschen irgendwelchen Ämtern ihre Anrechte nachweisen müssen. Es besteht auch keine Verpflichtung zu Gegenleistungen wie bei *workfare*-Programmen. Finanziert werden soll das durch eingesparte Transferleistungen, Abbau der Sozialbürokratie, wie Arbeitsagenturen und Sozialbehörden, und Erhöhung der Konsumsteuern. Bei Erwerbstätigen soll das Grundeinkommen mit der Einkommenssteuer verrechnet werden.

Je nach Berechnungsart der Finanzierung stehen unterschiedliche Höhen des bedingungslosen Grundeinkommens zur Diskussion, die monatliche Auszahlungssumme schwankt zwischen 600 und 1 500 Euro. Alle Modelle haben zum Ziel, die vielen Nichterwerbstätigen, Verarmten, Arbeitslosen oder prekär Beschäftigten von der täglichen Sorge um das Existenzminimum zu entlasten.

---

[84] Götz Werner & Adrienne Göhler, *Tausend EURO für Jeden. Freiheit, Gleichheit, Grundeinkommen*, Berlin, 2010, S. 260

Götz Werner und andere Vertreter dieser Idee gehen davon aus, dass das einen ungeheuren Kreativitätsschub freisetzen werde, weil nun jeder und jedem freisteht, zu arbeiten, sich künstlerisch zu betätigen, Ehrenämter zu übernehmen oder sich politisch zu engagieren. Oder Geld zu verdienen: „Das bedingungslose Grundeinkommen soll nicht Reichtum verhindern – im Gegenteil. Wer Geld verdienen will und kann, soll das gerne tun."[85] Geld verdienen, reich werden darf man also weiterhin. Gut zu wissen. Nur: Wer von den heute vom Arbeitsmarkt Ausgeschlossenen dann Erwerbsarbeit nachfragt, wird wahrscheinlich mit noch niedrigeren Löhnen als heute abgespeist, denn alle haben ja schon ein Grundeinkommen, warum also noch Ansprüche stellen.

Ende der Sozialpolitik?

Götz Werner ist nicht der einzige, der glaubt, mit dem „Bedingungslosen Grundeinkommen" den gesellschaftspolitischen Stein der Weisen gefunden zu haben, eine Art Weltformel, um das Problem wachsender Armut ein für alle Mal zu lösen. Gerade Menschen mit unsicherem oder geringem Einkommen begrüßen dieses vermeintliche Allheilmittel. So stellte 2008 eine Tagesmutter aus Greifswald, Susanne Wiest, in einer Online-Petition die Forderung an den Deutschen Bundestag, ein bedingungsloses Grundeinkommen von 1 500 Euro für jeden Erwachsenen und von 1 000 Euro für jedes Kind einzuführen. Die meisten anderen Modelle gehen aber von weitaus niedrigeren Summen aus. In einer westdeutschen Großstadt dürfte ein „würdevolles Leben" mit Wohnung, Heizung, Nahverkehrs-Abo und Teilnahme am kulturellen Leben für 1 000 Euro im Monat schwerlich zu haben sein.

Viele, die sich für die Idee stark machen, wären selber keineswegs mit einem Monatseinkommen von 600 oder auch 1 500 Euro zufrieden. Neben Götz Werner treffen wir auf ei-

---

[85] Götz Werner & Adrienne Göhler, a. a. O., S. 246

nen alten Bekannten, Professor Ulrich Beck, der 2006 mit einem Recycling seines „Bürgergelds" Anschluss an die Diskussion über das Grundeinkommen suchte.[86] Und nach der Bundestagswahl 2009 forderte die FDP in den Koalitionsverhandlungen mit der CDU, ein „Bürgergeld" einzuführen, basierend auf dem Modell eines „solidarischen Bürgergelds", das sich der Professor und „Botschafter" der Initiative Neue Soziale Marktwirtschaft, Thomas Straubhaar, am *Hamburgischen Weltwirtschaftsinstitut* ausgedacht hatte. In der CDU stand der nach einem Unfall aus dem Amt geschiedene thüringische Ministerpräsident Althaus für dieses Modell.

Das „Bedingungslose Grundeinkommen" ist der Versuch einer Sozialpolitik zur Beendigung aller Sozialpolitik. Alle auf Veränderung von Strukturen zielenden politischen Forderungen, wie die nach Mindestlöhnen, Ausbau von Bildung, Kinder- und Jugendhilfe, Gesundheitswesen, öffentlicher Finanzierung kultureller Einrichtungen, des Pflegesektors usw. wären mit einem Schlag delegitimiert und damit vom Tisch. Der Politiker der Grünen und Vorstand der *Heinrich-Böll-Stiftung*, Ralf Fücks, nannte das bedingungslose Grundeinkommen zu Recht eine „Stilllegungsprämie" für Ausgegrenzte.[87] Menschen mit geringer Qualifikation, mangelnden Sprachkenntnissen oder gesundheitlichen Problemen, kurz das untere Drittel der Gesellschaft, hätten ein für alle Mal keine Forderungen mehr zu stellen.

Steuern gesenkt, Wohlfahrt gehenkt

Wenn sich der Staat weiter arm spart, statt zum Wohle aller den Reichtum einiger höher zu besteuern, wird die Nachfrage nach Freiwilligen und Ehrenamtlichen weiter steigen, denn Bildungsetats sowie Kultur- und Sozialhaushalte werden weiter knappgehalten, und ihre hauptamtliche Personaldecke wird dünn bleiben. Die Zahl der Menschen, die für lau in die

---

[86] *Kölner Stadt-Anzeiger*, 15. 11. 2006
[87] *taz*, 23. 10. 2007

Breschen springen, wird aber schwinden, denn Ländervergleiche zeigen, dass es einen Zusammenhang zwischen wohlfahrtsstaatlicher Struktur und bürgerschaftlicher Motivation gibt. Aber genau anders herum, als es die Propagandisten des freiwilligen Engagements gerne hätten. Der Abbau sozialer, staatlich finanzierter Infrastruktur ruft keineswegs mehr freiwillig Engagierte auf den Plan. Im Gegenteil: Die Engagementquoten der Bevölkerung sind in denjenigen Ländern hoch, die über eine gut ausgebaute öffentliche Infrastruktur verfügen. Man kann also keineswegs davon ausgehen, dass die Bürger Einschränkungen oder den Ausfall staatlicher sozialer Leistungen mit erhöhtem Engagement ihrerseits kompensieren. Es besteht vielmehr ein negativer Zusammenhang zwischen spärlichen staatlichen Sozialleistungen und dem Grad des bürgerschaftlichen Engagements.

Es gibt Hinweise, wonach die Engagementbereitschaft umso größer ist, je besser die sozialen Sicherheitssysteme ausgebaut sind und je weniger Ungleichheit in einer Gesellschaft herrscht. Schon 2001 haben der Soziologe Robert D. Putnam und andere herausgefunden, dass die Motivation, sich für ein Gemeinwesen zu engagieren, mit dem Wohlstand und der Sozialstaatlichkeit wächst. Wenn es dagegen der Mehrzahl der Menschen schlecht geht und kein Sozialstaat sie auffängt, ist jeder sich selbst der Nächste.[88]

Hinweise darauf bietet auch der *Sechste Altenbericht* der Bundesregierung. Die höchsten Engagementquoten Älterer finden sich demnach in den Niederlanden, in Schweden und in Dänemark. Deutschland liegt zusammen mit Österreich und der Schweiz im Mittelfeld, niedrige Werte dagegen haben Italien, Griechenland und Spanien.[89] Wenn es an staatlich garantierten sozialen Netzen fehlt, müssen sich die Menschen auf eher traditionelle, „vormoderne" Hilfestrukturen wie Familiennetzwerke oder Klientelbeziehungen stützen.

---

[88] Robert D. Putnam (Hrsg.), *Gesellschaft und Gemeinsinn. Sozialkapital im internationalen Vergleich*. Gütersloh, 2001

[89] *Sechster Altenbericht 2010*, Bundestagsdrucksache17/3815, S. 76

„Besteuert uns!"

Es gibt auch Reiche, die erkannt haben, dass sich auch ihre Lebensqualität verschlechtert, wenn die Infrastruktur zusammenbricht, die Arbeitslosigkeit steigt und Jugendrevolten Vorstädte in Schutt und Asche legen. Statt zur Armenspeisung oder „Stilllegungsprämien" rufen sie zu mehr Steuergerechtigkeit auf. Ausgehend von einer Initiative des amerikanischen Multimilliardärs Warren Buffet, der den US-Senat aufforderte, Superreichen höhere Steuern abzuverlangen, bildete sich 2011 auch in Frankreich eine Gruppe von Unternehmererben und Managern, die die damalige konservative Regierung des Premierministers Fillon aufforderte: „Besteuert uns!" Als die neue Regierung des sozialistischen Präsidenten Hollande 2012 tatsächlich eine „Reichensteuer" beschloss, sollen jedoch viele vermögende Franzosen nach London „ausgewandert" sein. Einer der prominenten Steuerflüchtlinge, der Schauspieler Gérard Depardieu, verdankt sein Vermögen nicht zuletzt der üppigen Subventionierung der Filmindustrie durch den französischen Staat. Depardieu versuchte es erst mit Belgien als Steueroase und nahm schließlich aus den Händen von Wladimir Putin persönlich die russische Staatsangehörigkeit entgegen.

In Deutschland gab es bereits 2005 einen Aufruf des Hamburger Reeders Peter Krämer zur höheren Besteuerung von Vermögen und Erbschaften. Seit 2009 gibt es die Initiative *Vermögende für Vermögensabgabe*. Prominente Namen sind jedoch nicht darunter. Noch scheint unter Deutschlands Reichen die Stimmung vorzuherrschen: „Wir leben in einer Neidgesellschaft, gepaart mit einer hohen Versorgungsmentalität. Leistungsträger und geistige Elite haben inzwischen keine Lobby und auch kein Forum, von einer Förderung zum Wohle aller ganz zu schweigen."[90] Es kommen einem die Tränen.

---

[90] Leserbrief, *Kölner Stadt-Anzeiger*, 10. 10. 2011

Spenden – Brot der Armen

„Tafeln" & Co.

Der Staat schaltet auf Sparmodus und generiert so einen hohen Bedarf an Freiwilligen, die Arbeit in Kultur, Bildung und Wohlfahrtseinrichtungen für lau erledigen. Die Ehrenamtlichen werden von den Dienstleistern der Goodwill-Industrie motiviert, vermittelt, geschult und beforscht. Weil der Staat die sozialen Netze kappt, die früher Armen, Alleinerziehenden, Arbeitslosen oder Kranken ein Leben in Würde ermöglichten, wächst im reichen Deutschland die Armut, und es entstehen weitere Betätigungsfelder für Freiwillige: Lebensmittel-Tafeln, Suppenküchen, Kleiderkammern, Sozialkaufhäuser.

Im Reich des guten Königs

Die Kirche St. Theodor in Köln-Vingst ist weit über die Stadtgrenzen hinaus bekannt. Verantwortlich dafür ist Pfarrer Franz Meurer (62), ein unkonventioneller Priester, der über Jahre hinweg im Stadtteil ein soziales Netzwerk aufgebaut hat. Meurer, alternativer Ehrenbürger der Stadt Köln und talkshowerprobter Fürsprecher der Armen, hat die 800 Quadratmeter Keller unter seinem modernen Beton-Kirchenbau zu einem Warenlager umfunktioniert: Möbel, Kleidung, Kinderspielzeug, Fahrräder, Sportgeräte, Werkzeug, alles gut erhalten, alles für die vielen nicht so gut Betuchten im Viertel verfügbar, unabhängig von Kirchenzugehörigkeit oder Konfession. Man kann dort einen Gabelstaplerführerschein machen, oder sich für ein Vorstellungsgespräch einen Anzug aussuchen. Nach dem Gottesdienst sonntags gibt es Frühstück für alle – „för ömesons".

Dienstagnachmittag, zwei Uhr. An der Rampe im Lagerraum unter der Kirche steht ein Kleinlaster der Kölner Tafel,

der Fahrer wuchtet Kartons mit Lebensmitteln von der Lade-
fläche, die zuvor bei Discountern, Hotels und Supermärkten
eingesammelt wurden. Auf dem Hof vor dem Gemeindezen-
trum haben sich ein paar Dutzend Menschen mit Einkaufswagen und großen Plastiktüten versammelt, die meisten älter,
Frauen mit altmodischen Wollmützen und Mänteln gegen die
Kälte geschützt, Männer mit Baseballkappen, denen man an-
sieht, dass sie schon lange den Kopf des Besitzers zieren.
Man kennt sich, steht in Gruppen zusammen, redet, russisch
oder kölschen Dialekt. Als es anfängt zu regnen, verschwinden einige in einen kleinen schäbigen Seitenraum des Ge-
meindezentrums, wo ein Tisch und ein paar kunststoffbezo-
gene Stühle herumstehen. An der Wand sind Regale mit ge-
brauchten Büchern und Gesellschaftsspielen, die man sich
mitnehmen kann. Auch zur Toilette kann man hier gehen.

Kurz nach drei. Der Regen hat aufgehört, wir stehen wieder im Hof, wo jetzt eine andere Tür aufgeht und ein ener-
gisch aussehender großgewachsener Mensch vom ersten halben Dutzend „Kunden" die laminierten Wartemärkchen ein-
sammelt und sie einlässt. Alle haben bereits mit Belegen
über Transferleistungen, wie Grundsicherung oder Hartz IV,
„Bedürftigkeit" nachgewiesen. Drinnen müssen sie noch mal
einen Ausweis vorzeigen und dreißig Cent bezahlen. Dann
schiebt sich die Schlange weiter zu einer Theke, wo die Helferinnen inzwischen die Lebensmittel umgepackt und sortiert
haben, so dass jetzt nur noch gut aussehende Salate, Paprika,
Zucchini, Petersilie, Äpfel und Bananen über den Tresen ge-
reicht werden und in den Einkaufstrolleys verschwinden. Eine südländisch aussehende Frau mag keinen Kohl; leicht ge-
nervt nimmt die Helferin das Gemüse zurück und schiebt ihr
dafür ein paar Zucchini und Tomaten zu. „Nicht reingreifen,
hier ist keine Selbstbedienung!", schallt es von der Brotthe-
ke. Besonders freundlich zu den „Kunden" sind die sechs
Frauen und Männer, die hier ehrenamtlich im Einsatz sind,
nicht. Kein Wunder, sie arbeiten seit 12.00 Uhr mittags praktisch ununterbrochen, haben ausgepackt, sortiert, Kartons in

die Papiercontainer gestopft und Nichtverwertbares in die Mülltonne. Die Verteilung geht noch bis 18.00 Uhr. Danach heißt es aufräumen und saubermachen. Manchmal müssen auch Lebensmittel nachgekauft werden, wenn nicht genug geliefert wurde oder der Andrang sehr groß ist. Draußen machen sich inzwischen die ersten auf den Heimweg. In dem schäbigen Aufenthaltsraum mit dem Bücherregal sitzt eine Gruppe von Russlanddeutschen beim Kartenspiel, die prall gefüllten Einkaufswagen neben sich. Es muss für eine Woche reichen.

Die Tafeln – eine Win-Win-Situation für Rewe und andere

Die „Tafeln" sind das bekannteste Geschäftsmodell der neuen Armutsökonomie. Die Sozialpädagogin Sabine Werth gründete 1993 in Berlin die erste derartige Ausgabestelle für gespendete Lebensmittel nach dem Vorbild einer Obdachlosenspeisung in New York. Die USA, eine sozial gespaltene Gesellschaft, haben eine durchgängige Tradition von Armut; in Deutschland kannte man Wärmestuben und Suppenküchen seit dem Arbeitslosenelend der Dreißigerjahre des vorigen Jahrhunderts nicht mehr. Inzwischen sind die Tafeln zur Selbstverständlichkeit geworden. „Sie sind kleine gelebte Utopien: Soziale Mikrokosmen, an denen jeder willkommen ist und Zuwendung erfährt", schwärmte die grüne Spitzenkandidatin für die Bundestagswahl 2013, Katrin Göring-Eckardt, in einem 2010 erschienen Sammelband zum Thema.[91]

Nicht alle sind so euphorisch. Selbst in der Goodwill-Industrie sieht man die Tafeln hier und da skeptisch, weil sie dazu beitragen, Armut als Normalzustand zu etablieren, nach dem Motto: „Ungerechte Gesellschaft? Wieso, hier muss doch niemand hungern!" Auch Gründerin Susanne Werth

---

[91] Stephan Lorenz (Hrsg.), *Tafelgesellschaft. Zum neuen Umgang mit Überfluss und Ausgrenzung*, Bielefeld, 2010, S. 151

kritisiert, dass von Hartz-IV-Empfängern inzwischen wie selbstverständlich erwartet wird, sich in die Schlangen vor den Tafel-Ausgabestellen einzureihen.

Was man dort an Obst, Gemüse, Joghurt oder Brot bekommt, ist nicht von schlechter Qualität. Supermärkte, Großhändler, Bäckereien, Discounter und Hotelküchen geben Lebensmittel ab, die kurz vor dem Verfallsdatum stehen oder wegen kleinerer Mängel, zum Beispiel einem braunen Fleck auf dem Apfel oder einer eingedrückten Nudelverpackung, nicht mehr den hochgezüchteten ästhetischen Ansprüchen der Konsumgesellschaft genügen. Eine Kunststoffschale mit vier Paprika würde weggeworfen werden, wenn nur eine Frucht schrumpelig ist. Das Aussortieren rechnet sich für die Supermärkte nicht. Das erledigen bei den Tafeln die in der Mehrzahl weiblichen Helfer. Die großen Einzelhandelsketten kaufen ohnehin mehr Lebensmittel ein, als schließlich in den Regalen landen, dort werden jeweils nur das hübscheste Obst und das knackigste Gemüse angeboten. Tafel-Kritiker Stefan Selke schätzt, dass Lebensmittelkonzerne zwischen 120 und 140 Prozent über dem realen Bedarf herstellen.[92] Der Rest ist für den Müll bzw. wird „gespendet". Ein gutes Geschäft für Großhändler und Supermärkte. Sobald der Transporter der örtlichen Tafel vorfährt, muss man sich um die Entsorgung des Überflüssigen nicht mehr kümmern, die Beseitigung von Paletten, Pappe, Verpackung und restlichem Biomüll bezahlt nicht der Spender, sondern die Tafel. Allein die Berliner Tafel wendet Jahr für Jahr zwischen 26 000 und 40 000 Euro Spendengelder für die Müllbeseitigung auf.[93] Und dann lohnt es sich vor allem wegen des sozialen Mäntelchens, dass man sich damit umhängen kann. Die Handelskette Rewe ist von Anbeginn der größte

---

[92] Selke in *Frankfurter Rundschau*, 10. 1. 2009, zitiert nach Kathrin Hartmann, *Wir müssen leider draußen bleiben. Die neue Armut in der Konsumgesellschaft*, München, 2012, S. 59

[93] „Die Hartz-Fabrik", in: *Der Spiegel* 1/2011, zitiert nach Hartmann, a. a. O., S. 51

Unterstützer der Tafeln und sponsert auch die Treffen des Tafel-Bundesverbands. Diese Image-Pflege hat Rewe 2010 den *Deutschen Nachhaltigkeitspreis* eingebracht. Aber es kommt noch besser. Im Herbst 2012 berichteten Medien, das Bundesfinanzministerium wolle Lebensmittelspenden steuerlich begünstigen. Mit den Ländern habe sich der Bund auf eine „Billigkeitsregelung" verständigt, wonach keine Mehrwertsteuer mehr für Lebensmittelspenden an Armentafeln verlangt werde.[94] Ein weiterer Schritt auf dem Weg der Gesellschaftsspaltung in abhängige Bedürftige und edelmütige Helfer. Armen zu helfen, wird endgültig von der individuellen Ausnahme in einer Notsituation zur institutionalisierten Dauerhilfe mit Steuerbefreiung.

Ein erfolgreiches Geschäftsmodell

Die Unternehmensberatung McKinsey trug in den Neunzigerjahren dazu bei, das Modell „Tafel" zu etablieren. McKinsey-Berater, Experten für Rationalisierung und Personalabbau, schrieben kostenlos Handbücher und Leitfäden zur Gründung und zum Betrieb örtlicher Tafeln und begleiteten den Aufbau des professionell arbeitenden Tafel-Bundesverbandes.

„Verschlankung" von Staat und Unternehmen, „Umbau" und „Entkernung" des Sozialsystems produzieren Arme und Arbeitslose. Alles halb so schlimm, scheint es, wenn gleichzeitig eine bundesweite Almosenbewegung entsteht, um die so verursachte Not zu „lindern". Irgendwie nur dumm, wenn sich für beide Prozesse die gleichen Akteure identifizieren lassen. Heute mag man denn auch bei den Tafeln nicht so gern an die enge Kooperation mit McKinsey erinnert werden. Aber das Geschäftsmodell ist inzwischen fest etabliert und breitet sich aus, über Deutschland in andere Länder Europas und der Welt. Es wandert von der Stadt aufs Land und

---

[94] *Augsburger Allgemeine*, 10. 10. 2012

vom „Kunden" Mensch zum „Kunden" Tier, denn Tafeln für Tiernahrung sind der neueste Hit in der Armutsökonomie. Inzwischen gibt es 900 Lebensmittel-Ausgabestellen und Suppenküchen in Deutschland, die im *Bundesverband Deutsche Tafel e. V.* zusammengeschlossen sind (Stand Ende 2011).

„(. . .) anstatt sich überflüssig zu machen, arbeiten die Tafeln an ihrer Etablierung. Jede Erweiterung der Tätigkeit, jede Neueröffnung, jeder neue Lieferwagen müsste ein Skandal sein, legen sie doch nahe, dass sich die Tafeln von einem der beiden Hauptziele, nämlich die Armut zu bekämpfen, immer weiter entfernt haben, stattdessen feiern sie ihre Professionalisierung als Erfolg."[95]

Die Tafeln schaffen auch Arbeitsplätze. Etwa zehn Prozent der bei ihnen Beschäftigten sind Ein-Euro-Jobber, es gibt auch einige wenige fest Angestellte, vor allem als Fahrer. Die Hauptlast wird aber von 50 000 ehrenamtlichen Helfern getragen, die die Lieferwagen entladen, die Lebensmittel sortieren, die Stände aufbauen. Damit „gelten die Tafeln in Deutschland als eine der größten sozialen Bewegungen der heutigen Zeit", heißt es anerkennend im Internet-Lexikon Wikipedia.[96] Die „Helfer" sind überwiegend Helferinnen, denn es sind hauptsächlich Frauen, die auf der Ausgabeseite der Tafel stehen, Frauen mittleren Alters, die in gesicherten Verhältnissen leben, mit verdienenden Männern und erwachsenen Kindern, oder abgesicherte Rentnerinnen. In den Vorständen der örtlichen Tafeln sitzen oft Ehefrauen einflussreicher Männer, in München beispielsweise Hannelore Kiethe, deren Mann eine große Anwaltskanzlei betreibt.[97] Sie sind mit der lokalen Prominenz vernetzt, mit Unternehmen, den Rotariern und den Golfclubs, organisieren Sponsoren, Benefiz-Veranstaltungen und Unterstützung durch die Politik.

---

[95] Hartmann, a. a. O., S. 83
[96] *Wikipedia*, Stichwort „Tafel/Organisation" [aufgerufen 19. 2. 2013]
[97] Hartmann, a. a. O., S. 107f.

Wenn es um Wohltätigkeit geht, geben sich die Reichen, Schönen und Einflussreichen gern die Ehre.

Und die andere Seite, die „Gäste", wie die Empfänger der Lebensmittelspenden euphemistisch genannt werden? Sie müssen sich an Wohlverhaltensregeln halten, wenn sie zur Tafel zugelassen werden wollen. Denn „man muss sich auch benehmen wie ein Gast", fordert Hannelore Kiethe in einem Interview.[98] Viele Bedürftige verzichten allerdings auf soviel Herablassung seitens der „Gastgeber". Laut Tafel-Kritiker Stefan Selke sind nur 1,5 Millionen von geschätzten acht bis zehn Millionen „empfangsberechtigten" Armen, also Asylbewerber oder Menschen, die von Sozialtransfers wie Hartz IV, Grundsicherung im Alter oder Sozialhilfe leben, „Tafel-Kunden" bzw. „Gäste".

Dennoch sind die Tafeln und verwandte Einrichtungen eine gelungene Synthese zwischen klassischer bürgerlicher Wohltätigkeit und der neueren Erscheinung der „Corporate Social Responsibility". Denn nicht nur *Rewe* mischt mit, auch *Edeka, Lidl, Daimler-Benz*, das Mercedes-Lieferwagen stellt, und viele andere, die auf diese Weise gleichzeitig Steuern sparen und das Firmenimage aufpolieren.

Armenspeisung selbst gestrickt

Neben den im Bundesverband Deutscher Tafeln zusammengeschlossenen Lebensmittel-Ausgabestellen betreiben Wohlfahrtsverbände wie *Caritas* und *Deutsches Rotes Kreuz* oder Privatinitiativen Armenspeisungen. Manche sind auf eine bestimmte Klientel spezialisiert, wie der „Kalker Mittagstisch" in einem Kölner Problemviertel. In dem Ladenlokal in der Buchforststrasse 113 bekommen rund 150 Kinder jeden Mittag in der Woche ein warmes Essen, gespendet von Geschäften aus dem Stadtbezirk und gekocht von Elisabeth Lorscheid und weiteren Ehrenamtlichen. Lorscheid fiel auf, dass

---

[98] www.worldsoffood.de [aufgerufen 19. 2. 2013]

Schulfreunde, die ihre Kinder mit nach Hause brachten, oft hungrig waren. Also gründete sie 2009 diese mittlerweile über Köln hinaus bekannte Initiative. Elisabeth Lorscheid erhält für ihren 14-Stunden-Job beim „Mittagstisch" ein Honorar auf 450-Euro-Basis, das ein privater Sponsor stiftet. Die alleinerziehende Mutter und ehemalige Bürokauffrau gehört nicht zur „herrschenden Klasse", die die Journalistin Kathrin Hartmann verdächtigt, an der Zementierung der Armut zu arbeiten.[99]

Aber das von Hartmann konstatierte „Hierarchiegefälle zwischen den beiden Seiten der Tafel" wird auch hier deutlich, wenn Lorscheid sich in einer Reportage ausführlich über Eltern aufregt, die ihrer Meinung nach ihre Kinder vernachlässigen: „Familien, wo die Mutter den ganzen Tag in Netzwerken chattet und der Vater ständig vor dem Fernseher sitzt."[100] Vielleicht handelt es sich aber eher um die Vernachlässigung der Kinder durch die Gesellschaft insgesamt? Einige könnten auch in der Übermittagsbetreuung ihrer Schule essen. Dort aber kosten die Mahlzeiten 16 Euro im Monat, Geld, das viele Verarmte nicht aufbringen können. Die öffentliche Hand aber mit ein bisschen politischem Willen vielleicht schon? Aber warum denn, solange wir Menschen wie Elisabeth Lorscheid haben, sagen sich die Verantwortlichen und verliehen ihr 2010 den Ehrenamtspreis der Stadt Köln.

Ikonographie der Armutslinderung

Das Netz der sozialen Sicherung wird weitmaschiger, weil Einsparungen immer größere Löcher hineinschneiden. Dennoch ist die Sozialleistungsquote – der Anteil aller Sozialleistungen am Bruttoinlandsprodukt – mit knapp 30 Prozent relativ unverändert.[101] Inwieweit Sozialleistungen auch sozial ausgewogen sind, das heißt den wirklich Bedürftigen zu-

---

[99] Hartmann, a. a. O., S. 94

[100] Thomas Gesterkamp, „14 Stunden täglich gegen Kinderarmut", *taz*, 31. 10. 2012

[101] Erster Engagementbericht, S. 168

gutekommen, ist freilich eine andere Frage. Die Zahl dieser Bedürftigen ist jedenfalls stark angestiegen, sowohl was die Menschen betrifft, deren Einkommen unterhalb der Armutsgrenze liegt, als auch die Zahl der Pflege- oder zumindest Unterstützungsbedürftigen infolge der Alterung der Bevölkerung.

Tafeln, so die Hauptthese des Sozialwissenschaftlers Stefan Selke, sind nicht zur Armutsbekämpfung angetreten, sondern „zum Pflasterkleben". Das werde aber öffentlich nicht so wahrgenommen: „Es ist einfacher, öffentliche Sympathie für rituelle Armutslinderung zu erhalten, als politische Legitimation für nachhaltige Armutsbekämpfung." Die Tafeln sind Teil einer Entwicklung, bei der es um die „Verantwortungsverlagerung der Sozial- und Wirtschaftspolitik" auf eine Armutsökonomie gehe. Diese werde von hochprofessionell arbeitenden Stiftungen und Werbeagenturen PR-mäßig begleitet, wobei auf eine „vormoderne Bildsprache des Almosengebens" zurückgegriffen wird, wie Selke auf einer Tagung der Gewerkschaft ver.di eindrucksvoll an Bildern belegte: hier Pieter Brueghel der Jüngere mit „Die Speisung der Armen" (17. Jahrhundert), dort Plakate der Caritas: ein Adventskranz in Form eines Rettungsrings und die „Ritter der Tafelrunde" – Ehrenamtliche, die Hilfsbedürftigen Lebensmittel reichen (21. Jahrhundert).

Der Almosenmarkt ist auch noch keineswegs abgegrast; Selke zufolge gibt es nur rund 1,5 Millionen Tafel-Kunden bei einer Zahl von acht bis zehn Millionen Armen, die eigentlich berechtigt wären, sich dort zu versorgen. Die meisten Tafeln befinden sich auch nicht in den ärmsten Bundesländern (Berlin und Brandenburg), sondern in Nordrhein-Westfalen. Offenbar ist das Annehmen von Almosen vielen Menschen doch nicht so angenehm, wie die Propaganda für die Armutsökonomie glauben machen will. „Verlängerte

Müllabfuhr" sei das, zitiert Selke einen von ihm Befragten.[102]

Sozialkaufhäuser, Kleiderkammern und eine pfiffige Geschäftsidee

Bitburg in der Südeifel: Auf dem Weg von der Fußgängerzone zur bekannten Brauerei kommt man an der Kleiderkammer des örtlichen Roten Kreuzes und der Tafel-Ausgabestelle des Caritasverbands West-Eifel vorbei. Bei der Tafel werden nur einmal in der Woche Lebensmittel ausgegeben. Aber die Kleiderkammer hat auf. Ludmilla, Russlanddeutsche, hatte dort einen Ein-Euro-Job, während ihr Mann eine Umschulung machte. Er hat jetzt Arbeit, die Kinder sind aus dem Haus, Ludmilla fällt in der Wohnung die Decke auf den Kopf, aber wegen ihrer Diabetes könnte sie nur begrenzt erwerbstätig sein – keine Chance in der Eifel. Deshalb hat sie sofort zugesagt, als die DRK-Sachbearbeiterin fragte, ob sie an drei Tagen in der Woche auch für lau die Kleiderkammer betreuen wolle. Sie hat dort Abwechslung, erzählt von einer Frau, der sie regelmäßig hilft, gut erhaltene Sachen ins ehemalige Jugoslawien zu schicken. Und von einem Mann, der versuchte, alte, farbverschmierte Arbeitsklamotten in der Kleiderkammer loszuwerden. So etwas empfindet Ludmilla als respektlos gegenüber den Armen. Eine junge, eher schick zurechtgemachte Frau kommt rein und greift hier und da in die Mäntel und Pullover. Später sehe ich ein Paar mit zwei vollgestopften Plastiktüten den Laden verlassen; die Frau ein bisschen moppelig, in Leggings, er leicht ungepflegt, in Jeans und Baseballkappe, gehen sie Hand in Hand die Strasse runter.

Manchmal kann man auch bei den Tafeln Kinderkleidung oder Spielsachen bekommen. Aber solche Dinge zu verteilen, ist meist Aufgabe anderer Branchen der Armutsökono-

---

[102] Selke auf der Tagung „Schein-Ehrenamt oder Engagement" der Gewerkschaft ver.di in Berlin am 21. 11. 2012

mie, von Kleiderkammern oder Sozialkaufhäusern. Kleiderkammern werden von Kirchengemeinden und Wohlfahrtsverbänden auf ehrenamtlicher Basis betrieben, manchmal bieten sie auch Ein-Euro-Jobs. Bundesweit gibt es außerdem 350 Sozialkaufhäuser, in denen man für kleine Beträge gebrauchte Möbel, Kleidung oder Geschirr erwerben kann. Auch schon bevor die Zahl der Armen drastisch anstieg, kannte man in der Bundesrepublik Gebrauchtwarenlager, in denen man sich preiswert die Wohnungseinrichtung zusammenstellen konnte. Obdachloseninitiativen wie *Emmaus* betreiben sie, sie bieten ihren Mitarbeitern einen geregelten Tagesablauf und ein bescheidenes Einkommen. Sie setzen ein Zeichen gegen die „Wegwerfgesellschaft", jeder hat dort Zutritt und kann sich versorgen. Genau so bei den Läden der Organisation *Oxfam*, die vom Verkauf gespendeter, meist sehr gut erhaltener Kleidung, Schuhe, Bücher und Geschirr Projekte in der Dritten Welt finanziert. In den meisten Sozialkaufhäusern ist das anders. Wer sich dort für Centbeträge versorgen will, muss, wie bei der Tafel, seine Bedürftigkeit als Hartz-IV- oder Sozialhilfeempfänger nachweisen. So ist, anders als bei den Möbellagern von Emmaus oder den mitten in Einkaufsvierteln angesiedelten Oxfam-Läden, die soziale Spaltung der Gesellschaft bei den Sozialkaufhäusern schon räumlich vorgegeben, die Armen sind dort, genau wie in der Schlange vor der Tafel-Ausgabestelle, unter sich.

Wie der Bodensatz an Armut in der Gesellschaft neue Geschäftsideen produziert, zeigt ein junger Berliner Ökonom. Christian Vater kommt aus dem Musik-Management und hatte 2009 die Idee zu *Deutschland rundet auf.* Käufer runden Centbeträge an der Supermarktkasse freiwillig zugunsten wohltätiger Zwecke auf. 2012 bestand die Möglichkeit bereits an 40 000 Kassen von Textildiscountern, Parfümerien und Sportgeschäften, die Centbeträge entsprechend umzuleiten. Das so gesammelte Geld fließt in Projekte, die eine von Vater gegründete gemeinnützige GmbH und eine Stiftung auswählen. So werden zum Beispiel Projekte zur Sprachförderung von Kindern gefördert. Jeder gespendete Cent fließe zu 100 Prozent in die Wohltätigkeit, versichert die Webseite. Und das Gehalt, das sich der Geschäftsführer selber auszahlt, von immerhin 6 500 Euro? Die Gehälter seiner Mitarbeiter? Die teilnehmenden Unternehmen, darunter *Sport-Scheck, Kik, Kaisers/Tengelmann, Penny* und *WMF* entrichten eine Gebühr an die GmbH, zwischen 1 000 und 100 000 Euro, je nach Umsatz.[103]

Sozialer Wandel verbreite sich, indem jeder „Player" in der Wertschöpfungskette der Produktvermarktung motiviert werde, zur Lösung gesellschaftlicher Probleme beizutragen, lobt ein Internetportal den Erfinder dieser Marktlücke.[104]

---

[103] Jochen Knobloch, „Trinkgeld für Deutschland", *Berliner Zeitung*, 8. 9. 2012
[104] Internet-Portal *Ashoka Deutschland – Heimat der Changemaker*, http://germany.ashoka.org/

Denn sie sollen wissen, was sie tun

Viele Menschen schaffen auf die eine oder andere Weise „soziales Kapital". Sie arbeiten ehrenamtlich in Vereinen, Bürgerinitiativen, kümmern sich um Asylbewerber oder betreuen Behinderte. Kultur und Bildungswesen stützen sich auf das bürgerschaftliche Engagement. Sogar marode städtische Infrastruktur kann durch „Bürgersinn" vor dem Kollaps bewahrt werden.

Warum gegen etwas sein, was inzwischen selbstverständlich erscheint? Warum etwas kritisieren, das anscheinend funktioniert? Sich für das Allgemeinwohl einzusetzen, anderen zu helfen, ist etwas Schönes. Ehrenamt hat einen guten Ruf, einen sehr guten Ruf. Darf man den schädigen? Oder ist das Rufmord? Darf man gegen das scheinbar Allerheiligste zu Felde ziehen, was diese Gesellschaft an Werten zu bieten hat, gegen die Hilfsbereitschaft, die Politik der ausgestreckten Hand?

Ja, darf man. Wenn Staat und Gesellschaft dulden, dass einige wenige sich auf Kosten vieler bereichern, dass öffentliche Infrastruktur und kulturelle Errungenschaften den Bach hinuntergehen, weil Multimillionäre den Hals nicht voll kriegen, wenn die politische Ebene sich von der Verantwortung verabschiedet, das gemeinsam Erwirtschaftete möglichst allen in der Gesellschaft zugutekommen zu lassen. Dann darf man, ja muss man davor warnen, dass gutgläubige, hilfsbereite Menschen für die Folgen politischer Fehlsteuerung den Ausputzer machen.

Verantwortung zu übernehmen, nicht nur für sich selbst, sondern auch für das Umfeld, in dem man lebt, schafft Zufriedenheit; anderen zu helfen, macht froh und bereichert. Engagement ist eine Ressource, ohne die es keine Demokratie gibt. Aber diese Ressource ist in Gefahr, weil sie als Lückenbüßerin für eine verfehlte Politik missbraucht wird.

Hilfsbereitschaft und Nächstenliebe dienen heute als Kitt einer auf Egoismus und sozialer Kälte basierenden „Leistungsgesellschaft".

Eine rund ums „bürgerschaftliche Engagement" entstandene Bewußtseinsindustrie will uns außerdem weismachen, es gehe um Partizipation, um Mitbestimmung, um den „mündigen Bürger", gar um neue „Sphären der Selbstermächtigung" (Thomas Olk). Dem Ruf nach Gratisarbeit wird ein scheindemokratischer Ton unterlegt, die Not wird zur Tugend umdefiniert.

Keine Demokratie ohne aktive Bürgerinnen und Bürger, die auch jenseits von Wahlen gesellschaftliche Verantwortung übernehmen. „Aktive Bürgerschaft" aber kann heute nur heißen, sich aktiv einzusetzen für eine andere Politik, die den Reichtum in Deutschland umverteilt und die Almosengesellschaft verabschiedet.